Meurois-Givaudan

Essener Visionen

Daniel Meurois-Givaudan

Essener Visionen

Neue Offenbarungen aus der Akasha-Chronik

Aus dem Französischen von
Peter Schmidt

KAILASH

KAILASH

Eine Buchreihe herausgegeben von Hajo Banzhaf

Die Originalausgabe erschien unter dem Titel
Visions Esséniennes
bei Editions Amrita, Plazac-Rouffignac, Frankreich.

Die Deutsche Bibliothek – CIP-Einheitsaufnahme
Meurois-Givaudan, Daniel:
Essener-Visionen : neue Offenbarungen aus der Akasha-Chronik /
Daniel Meurois-Givaudan. Aus dem Franz. von Peter Schmidt. –
München : Hugendubel, 1999
(Kailash)
Einheitssacht.: Visions Esséniennes <dt.>
ISBN 3-89631-267-7

Umschlaggestaltung: Zembsch' Werkstatt, München,
unter Verwendung eines Fotos der BAVARIA Bildagentur, Gauting
Produktion: Tillmann Roeder, München
Satz: SatzTeam Berger, Ellenberg
Druck und Bindung: Franz Spiegel Buch, Ulm-Jungingen
Printed in Germany

ISBN 3-89631-267-7

Inhalt

An die Kommende

Zur Einführung

Die Frage nach dem Wie und Warum

Ist man von »etwas« bewohnt, das einen zum Schreiben und zum Aussagen drängt, hat man in der Regel nicht die Wahl, welches Thema man behandeln möchte. Es steigt vielmehr auf aus dem Inneren des Ich, beginnt vor den Augen der Seele zu leben und sprudelt dann um jeden Preis aus der Feder! Und genau das geschah auch, wie schon so oft, beim Niederschreiben dieses Buches. Es kam regelrecht auf mich zu, obwohl ich innerlich zögerte, erneut in die Dimension der Vergangenheit zu investieren.

In der Tat stellte es sich so dar, als ginge es lediglich darum, mittels der Lektüre der Akasha-Chronik einige weitere Elemente der ursprünglichen christlichen Lehre zu finden, vergessene Spuren, von der Zeit verwischt oder auch von einer Reihe mächtiger Dogmen abgelehnt.

Ich habe mich also Tag für Tag daran gesetzt, den Worten und Taten jenes Mannes, den wir einst Christus, Rabbi oder auch Meister nannten, wie den Teilchen eines verstreuten Puzzles nachzuspüren. Ein verwirrendes und umwerfendes Unterfangen, das mich vornehmlich, auf eine bestimmte Art und Weise, einen Freund wiederentdecken ließ.

Und die folgenden Seiten sind nichts anderes als der Versuch, Sie, lieber Leser, liebe Leserin, diesen Freund, diese Wärme des Herzens aus nächster Nähe erleben zu lassen.

Spricht man von der Vergangenheit und vor allem von jener mächtigen Vergangenheit, die während Jahrtausenden

Hoffnungen erweckt und auch eine gewisse Vorstellungskraft genährt hat, kommt man nicht umhin, so etwas wie Nostalgie zu empfinden.

Allerdings möchte dieses Buch alles andere als dieses Gefühl hervorrufen. Die Vergangenheit ist weder schöner noch grandioser als die Gegenwart. Sie ist lediglich anders. Die von der Natur gegebene Fähigkeit, tief in diese Vergangenheit zu tauchen, liefert hierfür den Beweis!

Dieses Buch wurde also nicht etwa verfaßt, um seinen Lesern die Flucht aus dem immer schwieriger zu verstehenden und zu erlebenden Hier und Jetzt zu erleichtern, genau das Gegenteil ist der Fall!

Die Notwendigkeit und der Wille, authentische Wurzeln zu finden, bedeutet keineswegs einen Schritt rückwärts, noch lädt diese »spirituelle Romantik« dazu ein, aus der alltäglichen Wirklichkeit zu fliehen.

Unsere Wurzeln sind eine Art von Verankerung, von Erdung und können so zu einem Bezugspunkt werden; auf keinen Fall aber dürfen sie einen Vorwand liefern, um sich dahinter zu verstecken.

In unserem konkreten Fall gibt es auch nichts zu verstecken! Die Christus-Lehre, wie sie in ihrer ganzen Größe heute erscheint, lädt eher dazu ein, ein Gesamtbild von Wirklichkeiten zu offenbaren, die uns eben dazu bringen sollen, hinter unseren Schutzschilden hervorzukommen und einen mutigen Schritt nach vorne zu machen. Das Abstreifen unserer Schuppen, das Ablegen unserer Dornen ist das Ziel, das wir uns gesteckt haben. Und so bleibt auf diesen Seiten, wie sie aus der Erinnerung der Zeit auftauchen, auch kein Platz für eine gewiß angenehme, vor allem aber sterile Nostalgie.

Diese Zeilen möchten Zeugnis ablegen von einem Feuer, das keine angenehme Wärme erzeugt. Denn ununterbrochen lehrt uns das Leben, daß es eine Zeit für alles gibt und daß das Jetzt sich gewiß nicht durch diese Wärme auszeichnet ... Aber Vorsicht, eine solche Wärme hat nichts mit einem möglichen Gleichgewicht zwischen warm und kalt zu tun; sie ist gleichbedeutend mit Nicht-Engagement, mit Nicht-Wahl. Wir, die Jünger des Lebens, können diese Nicht-Entscheidung nicht weiterhin aufrechterhalten, sobald wir uns die Dinge, um die es heute geht, auch nur ansatzweise bewußtmachen.

Die hier vorgelegten Beweise sollen nicht etwa in zwei Tagen heruntergelesen und dann in eine Bibliothek zwischen schöngeistigen Romanen eingeordnet werden. Sie sollen vielmehr die Erinnerung auffrischen, falls notwendig, sie auch ein wenig wachrütteln ... denn im Grunde brauchen wir vielleicht am Ende dieses Jahrtausends etwas, das uns aufrüttelt. Gibt es doch nur eine einzige Katastrophe, die wir ernsthaft zu fürchten haben: das Vergessen.

Alles deutet darauf hin, daß die Zeit gekommen ist, in der das Leben uns auf hundertfache Art und Weise die Kraft gibt, dieses Vergessen aus unserem Herzen zu verbannen. Ein Vergessen nicht nur in bezug auf das Vergangene, sondern auch in bezug auf das, was ist, also folglich auch in bezug auf uns selbst.

Das Buch, das Sie nun in den Händen halten, ist also ein Buch des Wiedersehens, ein Buch, dessen Text ständig zwischen der Vergangenheit und der Gegenwart hin- und herwandert. Parallel dazu beschreibt es ein Hin und Her zwischen dem Element in uns, das nie vergeht, und der zögernden, in Frage stellenden, unter Gedächtnisschwund leidenden Seite unseres Wesens.

Einige Monate ständigen Erkundens in den Akasha-Chroniken haben mir gezeigt, wie groß die Ähnlichkeit zwischen den christlichen und essenischen Zeiten und dem Heute ist. Immer wieder gibt es die gleiche Fragestellung, die gleichen Hoffnungen und übersteigerten Leidenschaften. Palästina und die römische Welt haben sich lediglich mit ihren Verhaltensmustern auf den gesamten Planeten Erde ausgeweitet; die Temperamente und Prinzipien bleiben stets die gleichen. Das Leben läßt sie nur eine andere Bedeutung haben, damit wir uns am Fuße einer Mauer befinden ... denn nur in einer solchen Situation vor einer Mauer sind wir in der Lage, uns zu einem Umdenken zu entschließen.

Die folgenden Zeugnisse belegen in der Tat nichts anderes als die Notwendigkeit eines radikalen Umschwungs. Sie unterstreichen den revolutionären Charakter eines Christus, den unsere heutige Welt sicherlich braucht, um aus den festgefahrenen Spuren herauszukommen.

Ich hoffe, daß Sie in diesen Zeilen ein wenig von der notwendigen Inspiration finden, um in Ihnen eine umfassendere Liebe aktiv werden zu lassen.

Daniel Meurois-Givaudan

Erstes Kapitel

Zweimal tausend Jahre …

Wir standen an diesem Tag auf den Höhen über dem See Genezareth. Durch die dornigen Büsche hindurch, die sich hier und da an die Felsen klammerten, sah man in der Ferne die flachen Dächer des kleinen Ortes als weiße oder ockerfarbene Flecken. Man schaute auf eine steinige Straße, die sich durch ein paar Mandelbäume und Zypressen am See entlangschlängelte. An diesem frühen Morgen drängten sich viele Menschen auf diesem Weg: Händler mit ihren schwerbeladenen Eselskarren, Reisende aus fernen Gegenden, aber auch einige kleine Trupps römischer Soldaten.

Wir waren etwas mehr als hundert Leute und beobachteten schweigend dieses bunte Treiben, während die Fischerkähne auf dem Wasser wie in einem langsamen Tanz ihre Bahnen zogen.

Mitten unter uns saß der Meister und sagte kein Wort, wie immer am Anfang, wenn er uns um sich versammelte. Wir wußten, daß er bald reden würde, aber Zeit spielte hier keine Rolle.

Bald waren es schon zwei Jahre, daß wir an seiner Seite über die steinigen Wege durch Galiläa, durch Samarien und durch Judäa wanderten, und die meisten von uns hatten bereits so viele Dinge erlebt, daß die Zeit in der Tat nichts mehr bedeutete … oder nur sehr wenig.

Wenn wir so versammelt waren, hatte unsere Form von Meditation nichts von dem an sich, was man sich normalerweise darunter vorstellt; Meditieren war für uns wie das Öffnen unserer Pforten gegenüber allem, was uns umgab. Es war eine einfache, natürliche und naive Gabe an das Stückchen Natur, das uns hier empfing. Wir wußten, daß der Meister nicht mehr verlangte und daß so unsere Herzen rein waren, wenn er zu sprechen begann.

Jedesmal, wenn er uns an einen Ort außerhalb der Stadt bestellte, sagte er uns Dinge, die nur wenige hören konnten. Aber niemand unter uns schien deswegen wirklich stolz zu sein. Wir verstanden nur allzu gut, was dies an Verantwortung bedeutete, und wir fingen an, die Rolle des Netzwerkes zu erahnen, das sich zu spinnen begann.

Genaugenommen war unsere Gruppe ziemlich bunt zusammengewürfelt; es gab einige Fischer, drei oder vier Kaufleute, die ihre Läden aufgegeben hatten, einige reiche Sadduzäer, zahlreiche Frauen, denen die Leute aus den Dörfern bereits alles Erdenkliche vorwarfen, einige Therapeuten, vornehmlich aus der Familie der Essener, ein paar Handwerker, relativ wenig gebildete Leute und einige römische Bürger.

Endlich war der Augenblick gekommen, in dem die große helle Gestalt des Meisters sich erhob, um zu Fuß zu einem alten Baum mit zarten Blättern zu schreiten. Sein Gesichtsausdruck war so streng, als wolle er uns eine Last aufbürden, die wir keineswegs erwarteten. Und doch lächelte er dabei und schaute jeden von uns mit einem Blick voll schönen und ewigen Einverständnisses an.

»Freunde ...«, begann er mit fester Stimme, während wir uns lautlos in seine Nähe drängten, »Freunde, für wen, glaubt ihr, spreche ich?«

Umgehend erklang eine etwas erregte Stimme aus unserer Mitte.

»Aber ... für uns alle, Rabbi ... wir sind deine ersten Jünger ... wir haben Vertrauen zu dir.«

»Und du, Elias, glaubst du an dich?«

Der kleine Mann mit den spärlichen Haaren, der so lebhaft

reagiert hatte, war ganz verdutzt über diese Frage, während amüsierte Blicke ihn musterten.

»Ich frage dich nochmals, Elias, vertraust du dir?«

»Ich habe Vertrauen zu dir, Meister, und dies scheint mir ausreichend. Ich bin hier, um dich zu erkennen, um deine Worte aufzunehmen, und ich tue dies, so gut ich kann.«

»Aber vielleicht ist es gar nicht das, worum ich dich bitte, vielleicht ist es überhaupt nicht das, was ich in erster Linie von euch erwarte!«

Die spöttischen Blicke und das Gemurmel verstummten augenblicklich.

»Bitte, versteht mich nicht falsch ... Ich erwarte, daß ihr zunächst Vertrauen in euch selbst habt. Nicht in euch, wie ihr euch hier seht, mit euren angespannten Gesichtern und euren Kleidern aus grobem Leinen oder feinen Stoffen ... nein, in euch außerhalb jeglichen Alters, in euch ... in das, was an ›euch‹ wahr und ewig ist. Ich wende mich nicht an diejenigen, die heute vor mir stehen.«

Eine andere Stimme, wesentlich ruhiger als die erste, erhob sich nun.

»Ich verstehe dich, Rabbi ... Du willst zu unserer Seele sprechen; aber brauchst du nicht auch Männer und Frauen, die dich von heute an mit ihren Händen bei deiner Arbeit unterstützen?«

»Weißt du überhaupt, Simon ... was heute ist? Das Heute verschmilzt mit der Ewigkeit und, in Wahrheit, spreche ich weniger zu den Menschen von heute als zu denen von immer. Ich säe in euch ein Samenkorn, ich belebe eine Sonne und lasse ein Wasser fließen, obwohl ich genau weiß, daß diese Hände, die du siehst, nichts ernten werden.«

Kaum hatte er diese Worte ausgesprochen, brach eine Welle von Traurigkeit, vielleicht sogar von Verbitterung über uns herein, so sehr schienen uns plötzlich alle unsere insgeheim gehegten Hoffnungen von Grund auf erschüttert.

»Ja, meine Freunde, ihr müßt akzeptieren, daß die Früchte meiner Worte erst für morgen sind ...«

»Ich verstehe nun nichts mehr, Meister!« protestierte Simon sofort und stand mit Nachdruck auf, »du sprichst vom Hier und Jetzt und von der Kraft der Ewigkeit, die darin existiert, und dann brichst du unsere Hoffnungen, indem du plötzlich eine weit entfernte Zukunft ausmalst.«

»Der Messiah bist du selbst im Hier und Jetzt; neulich in der kleinen Gasse beim Tempel hast du dies auch nicht geleugnet!«

Die helle große Gestalt desjenigen, der all unsere Hoffnungen darstellte, begann nun, sich zwischen uns hin und her zu bewegen und mal hier, mal da ihre Hand auf einen Scheitel zu legen. Nach einem langen Schweigen sahen wir dann, wie sie Simon gegenüber Platz nahm.

»Die Welt derjenigen, die am Erwachen sind, erscheint stets voller Gegensätze. Man möchte immer ganz schnell, mit einem einzigen Blick, alles erfassen ... Höre, mein Freund ... Wenn man den Sinn des Begriffes Ewigkeit versteht, das heißt, wenn er etwas anderes bedeutet als nur eine Idee, dann beginnt man, im Hier und Jetzt zu sein, und man begnügt sich nicht damit, es einfach zu beobachten, sondern man beginnt, es zu trinken. Und in der Frische eines jeden Schluckes, den man zu sich nimmt, ist man bereits voll und ganz in dem, was die Menschen ›das Morgen‹ nennen. Dann spürt man und weiß in sich den Saft des ›Morgen‹, und dieser Saft nährt unser Aufblühen im Hier und Jetzt.

Wesenheiten werden zu Brücken ... Ich bin eine Brücke, Simon, du bist auch eine, und ihr alle seid eine, ohne es allerdings zu wissen!«

» ... Aber welches Ufer sollen wir erreichen, Rabbi?«

»Es gilt, ständig ein anderes Ufer zu erreichen. Zunächst sind da deine eigenen Ufer, dann die der Welten, schließlich die der Zeit. Alles hängt nur von der Dimension ab, die du deinem Herzen gibst. Je mehr du spürst, wie du zur Brücke wirst, und je mehr du dies akzeptierst, desto weniger machst du dir um deine eigenen Ufer Sorgen ...

Ich verrate dir ein Geheimnis, Simon ... Ich habe Vertrauen zu euch!«

»Du hast Vertrauen zu uns?«

»Wenn dies nicht so wäre, glaubst du, mein Vater hätte mir diesen Körper und diese Füße gegeben, um mich auf euren Wegen zu bewegen? Ja, ich habe Vertrauen zu euch, und deswegen möchte ich auch die Brücke in euch aufzeigen, damit unsere Seelen auf diesem Weg die Sonne von einer Zeit in eine andere, von einer Welt in eine andere, von einem Herzen in ein anderes tragen können. Und jetzt verrate ich euch noch ein anderes Geheimnis ...«

Während er noch so sprach, stand der Meister wieder auf, und seine Stimme wurde so ernst wie zuvor. Sein Blick schien sich im morgendlichen Dunst der Berge auf der anderen Seite des Sees zu verlieren ...

»In zweimal tausend Jahren werden eine Zeit, eine Welt und ein Ufer auftauchen; dann werden meine Worte mehr Widerhall in euren Herzen finden als heute ...«

»Zweimal tausend Jahre ...?«

Jeder von uns blickte seinen Nachbarn an und wiederholte tonlos die Worte des Meisters. Für uns einfache Leute ging ein Begriff wie »zweimal tausend Jahre« über unser Vorstellungsvermögen hinaus. Die Tatsache, daß man von uns verlangte, eine Form von Unendlichkeit mit den Spitzen des Bewußtseins zu berühren, verwirrte uns aufs äußerste.

Eine etwas ältere Frau in reicher, nachtfarbener Kleidung versuchte, sich durch unsere Reihen zu schlängeln und sich dem Meister zu nähern.

»Was du uns sagst, Rabbi, tut uns weh. Du nimmst uns jede Hoffnung, diese Welt zu verändern.«

»Aber denkst du etwa, ich will vor allem diese Welt verändern? Dich möchte ich verändern, dich und euch alle. Mich interessiert nur das, was in euch ist ... Und meine Aufgabe ist es, jede Hoffnung zu zerstören, die außerhalb dieses ›Was-in-euch-ist‹ entstehen kann. Ich werde immer versuchen, die Bande, die euch begrenzen, zu zerschneiden ... aber diese hinderlichen Bande sind euch sehr oft wesentlich angenehmer als alle anderen. Zu sehr seid ihr darauf aus, gleichzeitig zu pflanzen und zu säen, und zwar nicht so sehr des Erntens wegen, sondern vor allem, um laut verkünden zu können, daß ihr zu denen zählt, die gepflanzt haben ... Ich habe dich, Esther, und einige andere angeschaut, während die Sonne den See noch kaum in Farbe getaucht hatte. Und in eurem Blick und in eurer Kopfhaltung las ich so etwas wie einen Bruch ...«

»Einen Bruch?«

»Ja, einen Bruch mit denen dort unten ... mit denen aus Tiberias, aus Kapernaum und von überall. Ihr gehört zu denen da unten. Alle die, die ich rufe und die ich rufen werde, bleiben die von dort unten. Dies ist ihre erste Würde, eine Würde, die sich mit dem Vergessen verliert. Ich lehre euch eine Bescheidenheit, die nichts mit Kleinheit zu tun hat. Wenn ihr diesen Sinn nicht versteht, werdet ihr wirklich klein werden, weil ihr euch als groß anseht, als etwas anderes als die anderen und bereits in der Lage, an meiner Seite zu ernten.

Als ich euch einlud, mich heute morgen auf diesen Höhen zu treffen, wollte ich euch keineswegs das Gefühl geben, so etwas wie meine auserwählten Wegbegleiter zu sein. Die sich bereits erwählt fühlen, tragen schwer an ihrer stolzen Bürde. Ich aber bürde euch etwas ganz anderes auf: Ich lade euch die Verantwortung für eure eigene Entwicklung auf. Es handelt sich hier um eine Bürde, deren Gewicht mir wohl bekannt ist und der sich niemand entziehen kann. Heute ist eure Zeit gekommen, diese Last zu entdecken. Heute muß in jedem von euch das Wesen Form annehmen, das tief in sich und weit nach vorne blickt.

Ich habe euch bereits gesagt ... mein Reich ist nicht von dieser Welt ... und ich füge nun hinzu: Es ist auch nicht von dieser Zeit, nicht auf dieser Welt ... selbst wenn immer noch zwei oder drei unter euch das Gegenteil behaupten.«

Simon-Petrus und Jude, beide in einen langen Mantel aus minderwertiger brauner Wolle gewickelt, reagierten umgehend mit offensichtlicher Zustimmung.

»Ja, meine Freunde, selbst ihr dachtet noch vor nicht allzu langer Zeit genauso und handeltet in der einzigen Hoffnung, mich die Stufen zu irgendeinem Thron hinaufsteigen zu sehen.

Aber bevor dies so sein wird, da könnt ihr sicher sein, müssen noch viele Dinge in Fäulnis übergehen und viele andere sich abnutzen.«

»Kannst du uns diese Dinge nennen, Rabbi?«

Levi, der etwas außerhalb unserer Gruppe auf einem großen Stein saß, hatte diese Frage eingeworfen. Mit seinem weiten, ockerfarbenen Kleid mit weißem Saum hob er sich deutlich von den anderen ab. Er stellte dem Meister stets abrupte Fragen und strich sich dabei jedesmal mit der Hand durch die Haare, was bei uns stets ein amüsiertes Lächeln hervorrief.

»Dies gehört zum Plan meines Vaters, Levi, aber hierfür müßt ihr mir schon ein wenig weiter in die Berge folgen. Sein Wille ist es nicht nur, daß ihr hört, sondern daß ihr auch seht und daß ihr auch berührt, damit dies alles in eurem Innersten für die kommenden Jahrhunderte eingegraben ist und damit die Tiefe dieser Spur euch die Kraft gibt, auf ewig nach seinem Willen zu leben und zu handeln.«

Ohne zu warten, ließ der Meister uns aufstehen. Hinter ihm nahmen wir einen schmalen Pfad, der weiter in die Berge führte. Durch Dornensträucher und Ginster hindurch schlängelte sich der Weg bis auf eine flache Anhöhe, die mit einem Teppich von gelben Blüten bedeckt war. Beim Durchschreiten dieses Teppichs wurden unsere Füße von einem so frischen Tau benetzt, daß diese Erinnerung noch bis heute in uns lebendig ist. Unsere Wanderung dauerte eine ganze Weile und ließ uns eine Reihe von kleinen Tälern mit Schafherden entdecken. Sogar ein Raubvogel begleitete uns einige Augenblicke und stieß plötzlich einen schrillen Schrei ins Blau des Himmels aus, als wolle er die Tiefe unseres Schweigens ergründen.

Und dann kamen wir schließlich zu einer Stelle, die es nur

im Gebirge gibt, eine Art Felsennest, das die Natur selbst in die Bergflanke gegraben hatte. Das Gras war spärlich hier, und die trockenen Halme knisterten unter unseren Schritten und erfüllten die Luft mit ihrem wilden Duft.

»Setzen wir uns hier nieder«, meinte derjenige, dem wir gefolgt waren. Und während er dies noch zu uns sagte, schien bereits etwas in ihm nicht ganz mit uns zu sein. Sein Bewußtsein war wie an einem entfernten Horizont, aber niemand von uns wagte es, ihm diesbezüglich eine Frage zu stellen, wurde es doch für uns immer deutlicher, daß nunmehr die Höhen unserer Seele gefordert waren.

Nachdem wir endlich alle Platz genommen hatten und er sich uns gegenüber hingesetzt hatte, breitete sich ein tiefes, unendlich feierliches Schweigen aus. Sobald dieses ganz in uns eingedrungen war und auch das Felsennest voll eingenommen hatte, fühlten wir uns unwiderstehlich vom Blick des Meisters angezogen, wenn auch seine Augenlider noch geschlossen waren. Irgend etwas an ihm rief in unseren Herzen eine Art Schwebezustand hervor. Dieses »Etwas« brachte plötzlich all unsere Zweifel zum Verstummen und überzog uns gleichzeitig mit einem Frieden unbekannter Art.

Sehr schnell schien das Gebirge um uns herum nicht mehr zu existieren, und auch ein jeder von uns, in seiner körperlichen Form, schien außerhalb der Realität. Ein Schleier von grauer Transparenz umgab endlich unsere Wesen und vermittelte den sonderbaren Eindruck, zu einer einzigen großen Familie zu gehören und doch gleichzeitig unendlich allein zu sein ...

Aus dem hellen Dasein des Meisters schnellte plötzlich, blitzartig, ein Wort:

»Seht ...«

Der Schleier, der uns umgab, schien zu zerreißen und sich in seiner Mitte zu teilen, wie die glatte Oberfläche des Wassers, aus der plötzlich ein mächtiges Bild auftaucht.

In diesem Augenblick geschah das Unglaubliche. Mit einer

erstaunlichen Deutlichkeit begannen sich Szenen vor unseren Augen abzuspielen. Zunächst sahen wir Armeen, lange Marschkolonnen von Männern, die entweder in schweren Metallkleidern steckten oder in Lumpen daherkamen. Einige saßen zu Pferd, andere waren zu Fuß, aber alle waren angeschlagen. Hinter oder neben ihnen sahen wir Karren, die mit großen, ausgewaschenen Planen bedeckt waren, und weibliche Gestalten, die sich mehr schlecht als recht dahinschleppten. Sehr schnell waren wir mitten im Kampfesgetümmel, umgeben vom Klirren der Schwerter, dem Schlagen der Hufe, den Schreien und dem herumspritzenden Blut. Überall gab es Kreuze, seltsam scharlachrote Kreuze. Auf den Fahnen, auf den Brustharnischen, auf dem kleinsten Lumpen ... Sie waren aufgepflanzt wie ein Zeichen zum Sammeln, gegen das andere Männer mit zerfurchtem Gesicht anliefen. Wir verstanden nichts ... Würde es so in zweimal tausend Jahren sein? Wir waren gleichzeitig erschrocken, hin- und hergerissen, versteinert und wunderbar offen all dem gegenüber ... Nein, dies hatte nichts mit einem Traum zu tun, dies spielte sich irgendwo ab, in jener Zukunft, die in uns lebte und von der das Leben sicherlich verlangte, daß wir ihre verschlungenen Wege erforschen.

»Rabbi, Rabbi!« schrien einige. Aber der Meister blieb schweigsam und ließ dieses Schweigen auf uns einwirken.

Weitere Bilder folgten den ersten. Da gab es einen Scheiterhaufen, in dessen züngelnden Flammen man menschliche Silhouetten wahrnehmen konnte. Der Himmel war dunkel vom aufsteigenden Rauch, und diese Szene spielte sich am Fuße eines Berges ab, an dessen Spitze sich eine Burg schmiegte. Seltsame riesige Maschinen aus Holz gab es da, ferner spitze Palisaden und auch wieder viele Männer mit starrem Blick, deren Lieder das Seufzen der Flammen zu übertönen versuchten.

Viele andere Szenen sahen wir noch vor uns, aber unsere Seelen konnten ihnen keinen Namen geben ... Und dann immer wieder dieses Kreuz ... Es überragte alles, wenn es, mit

Gold und Edelsteinen geschmückt, auf eine Stange aufgesteckt war, oder es entfaltete sich in scharlachroter Farbe auf den Segeln der großen Schiffe; wir sahen dieses Kreuz sogar eingebrannt auf der Schulter eines dunkelhäutigen Mannes.

Endlich erhob sich sanft und friedlich die Stimme des Meisters; sie erreichte uns in unserem Inneren, während die Bilder weiterhin vor uns abliefen.

»Ich sage euch, meine Freunde, dies ist der Weg, den die Menschen dieser Welt in meinem Namen gehen werden. Schaut ihn euch an, aber verliert euch nicht darauf. Seht, wie eng sich hier Gold und Blut vermengen. Die Lust auf Macht wird diesen Weg zeichnen; aber urteilt nicht und bestraft niemanden. Ihr selbst werdet manchmal in Fußstapfen treten, in denen ich mich nicht wiedererkennen kann. Und dies muß auch so sein, denn mein Weg ist ein Weg der Freiheit. Schweigend ermuntere ich jeden von euch auf diesem Weg, der bis ins Innere der eigenen Irrtümer vordringen muß ... Denn das Leben, das mein Vater in euren Adern fließen läßt, kann man nicht durch ein einfaches Aufsagen seines Namens erlernen. Man muß das Leben in alle Richtungen durchlaufen, bis zum letzten Meter all seine Winkel erforschen und es bis zur Neige leeren. Nur so wird es seinen Sinn, seinen Wert und sein wahres Sein enthüllen.

Die Freiheit ist das erste Geschenk meiner Seele an eure Seele. Dank dieser Freiheit kann man alles lernen und sich alles vertraut machen. Wenn ich euch sage ›liebt‹ und wenn ihr nicht ganz von Un-Liebe, von Haß vollgestopft seid, welchen Platz könntet ihr meinem Vater wirklich in eurem Inneren einräumen? Ihr würdet ihn nur halbherzig empfangen.

Schaut euch doch diese Bilder an, in deren Richtung die Menschheit sich bewegt und die sie bereits an ihren Brüsten ernährt. Sie sind aus dieser ›Un-Liebe‹ geformt, und doch reden sie alle von Liebe, auf ihre Art und Weise. Man kämpft jeden Tag um eine Sonne; der einzige Unterschied besteht in dem Namen, den man ihr gibt, und in dem Platz, den man ihr einräumt.

Ja, einige von euch werden zu diesen Männern und Frauen gehören, die sich hier vor euren Augen bekämpfen. Einige von euch werden in meinem Namen und dank der Freiheit ihrer Seele töten und werden schließlich erfahren, was es heißt, Sklave zu sein. Deswegen sind meine Worte erst für morgen, denn die Freiheit, die sie euch bringen, ist noch zu brennend heiß, als daß sie voll von euch aufgenommen werden könnte.

Schaut euch nun diese gemauerten Tempel an, die sich gen Himmel richten, diese Goldverzierungen und diese betende Menge. Die kommenden Jahrhunderte werden sie wieder neu entdecken, auch wenn sie heute bereits da sind ...«

Noch lange folgte eine Szene der anderen. Wie außer Atem, bei erweitertem Bewußtsein, konnten wir keine Frage stellen. Und doch, bereits im Herzen dieser fremdartigen Bilder, in den Blicken, denen wir begegneten, und im Mosaik der künftigen Völker schien es etwas Unerfaßbares zu geben, das uns trotzdem vertraut war, die Frucht einer Gewißheit, die tief in uns schlummerte.

Riesige dunkle Maschinen tauchten auf. Sie schienen aus Metall gefertigt zu sein und waren unbeweglich in einer Linie aufgereiht. Männer in dunkler Kleidung und strenger Haltung, einen Helm auf dem Kopf, warteten daneben. Ihnen gegenüber ein Mann in Gold und Purpur gekleidet, die Finger voller Ringe und auf dem Kopf eine Art großer Haube – er schien sie zu segnen. Er erinnerte uns an einen von Cäsar entsandten Würdenträger, der manchmal vor reichen Sadduzäern seine Lehre erteilte. Und dann sahen wir, wie Feuer vom Himmel fiel ... unverständliche Bilder ... die Erde und die Städte brannten ... und schließlich hatten wir den Eindruck, als überflögen wir ein riesiges Bauwerk mit einer Kuppel am Ende eines riesigen Platzes, der mit Säulen umgeben und voller Leute war. Ein kleiner, ganz in Weiß gekleideter Mann stand auf einem Balkon, und seine Stimme erklang bis in unendliche Entfernungen.

Ein eigenartiges Gefühl von Inbrunst und von Schwere

überkam uns, eine Mischung aus Frömmigkeit und Härte, aus Licht und Schatten ...

Dann schloß sich der graue Schleier wieder von der Mitte her, und wir glaubten, in uns selbst zurückzufallen. Einige unter uns stießen einen Schrei aus, und wir standen wieder unserem Meister gegenüber. Immer noch waren seine Augen geschlossen, aber er lächelte, als ob es ihn amüsierte, die tausend Fragen zu lesen, die sich schon auf unseren Lippen abzeichneten. Aber keiner von uns wagte auch nur das geringste Wort auszusprechen. Während einiger Augenblicke hatten unsere Seelen die Zeiten überflogen, hatten die Jahrhunderte wie mittels Brücken überquert und hatten den Eindruck, etwas vom Sinn der Ewigkeit gekostet zu haben ...

Schließlich unterbrach Levi die Stille; er lehnte mit dem Rücken gegen einen Felsen, nicht weit vom Meister entfernt.

»Ist dies alles ... wirklich für immer und ewig festgeschrieben, Rabbi? Kann dein Wort nichts an alledem mehr ändern?«

»Der Rahmen von all diesem ist bereits innerhalb der Menschheit abgesteckt. Meine Worte können nicht nur kein Jota daran ändern, sie selbst sind es, die dies hervorbringen ... Siehst du, Levi, es gibt Worte, die ausgesprochen werden, und Worte, die empfangen werden. Es gibt das Licht, das den Menschen geschenkt wird, die Klarheit, die diese daraus entwickeln, und das Halbdunkel, das diese selbst schaffen. Wenn ich von ›Liebe‹ spreche, verstehst du ›besitzen‹, und wenn ich von ›geben‹ spreche, verstehst du ›feilschen‹.

Die kommenden Jahrhunderte werden für euch eine Schule sein, während ihr euch bereits als die Herren anseht. Ihr glaubt, Geschichte zu schreiben, aber in Wirklichkeit schreibt diese euch. Ich sage euch, die Menschen dieser Erde werden immer weiter an Babylon bauen. Und hierzu stützen sie sich auf meine Worte. Babylon wird euch also bis zu dem Zeitpunkt eine Lehre sein, an dem es sich selbst aufgrund seiner eigenen Falschheit erschöpft haben wird; ihr werdet es leid sein, Lügen zu leben und zu benutzen. Ihr werdet euch dann an den Tag erinnern, an dem ich von der Brücke in euch sprach, das heißt von dem Augenblick der Wahrheit.«

»Aber was ist genau Babylon, Rabbi?« wollte einer aus unserem Kreis wissen.

»Babylon ... Babylon ist gleichzeitig Herr und Sklave ... Irrtum und die Lehre dieses Irrtums. Es ist die Trennung und die wunderbare Lektion von dieser Trennung. Babylon ist keineswegs ein geographischer Ort auf dieser Erde, meine Freunde, sondern ein Zustand eurer Seele. Ein Zustand der Verwirrung, in dem der Hochmut stärker ist als der Stolz, in dem die Gewalt die Macht erstickt und die Tyrannei sich des Mantels der Freiheit bemächtigt. Babylon ist das menschliche Herz, das nicht zu wählen weiß und das noch nicht genügend gelitten hat, um sein eigenes Sein und seine eigene Schönheit zu erkennen. Babylon ist schließlich alles, was nichts mit der Ewigkeit zu tun hat, ist alles, was sich das unerreichbare Licht aneignen will, indem es die Worte meines Vaters lähmt ...

Kommt nun mal alle etwas näher, denn ich möchte in eure Herzen ein unerschöpfliches Ferment pflanzen.«

Wir drängten uns ein wenig enger aneinander, um dem Meister näher zu sein, und lauschten weiter mit unendlicher Achtung seinen Worten. Mehr denn je sprach der Freund in ihm zu uns allen und zu jedem einzelnen. Gewiß bleibt unser Felsennest hoch über dem See Genezareth über die Jahrhunderte hinweg noch geprägt von diesen Augenblicken der Wahrheit.

Mit einer langsamen Bewegung beider Hände strich der Meister seine langen Haare nach hinten und blickte uns, einen nach dem anderen, eindringlich an.

»Ich sage euch, es wird gewiß Menschen geben, die mein Dasein verneinen werden und damit auch die Macht des Vaters, die durch mich wirkt ... und diese haben oft recht gemäß der Logik ihres Herzens ... Aber es wird auch andere geben, die mich lobpreisen und doch ihre eigene Kirche erbauen werden unter dem Vorwand, sie mir zu weihen. Diese handeln dann gemäß der Logik von Babylon. Die Macht, die in mir ist, will weder eine Kirche noch einen Thron, den menschliche Augen begehren könnten. Denn das, was in mir wohnt, ist auch bereits voll und ganz in jedem von euch. Mein Herz schlägt für alle Ewigkeit in eurer Brust ... Es braucht weder Regeln noch Prunk. Versteht ihr das?

Ich sehe eine endliche Menschenmenge, wie eine unendliche Abfolge von Seelen; sie geht von einer Epoche zur anderen und läßt meinen Atem im Herzen einer Wahrheit erstarren. Ich sehe, wie sich die Pforten des Herzens dieser Menge mehr schließen, als sich zu öffnen und alles in sich aufzunehmen. Ich sehe endlich, wie ihre Hände sich an jedem Geschehen festklammern, statt dieses zu beruhigen und zu heilen. Die Furcht, etwas nicht zu beherrschen, die Angst vor dem Verlieren ...«

Simon-Petrus mit seinen etwas zerzausten Haaren richtete sich auf seinen Knien auf; seine Stirn war von einer tiefen Falte gezeichnet.

»Wird es denn nur Leute geben, die dich ablehnen, Herr?«

»Wer spricht denn von ablehnen, Simon? Nein, die kommenden Zeiten werden mich nicht ablehnen. Die Menschen werden vielmehr sich selbst ablehnen. Sie werden das ablehnen, was in ihnen lebt, indem sie mich auf seltsame Art und Weise zurechtputzen und mich mit Kleidern schmücken, die nicht meine eigenen sind. Es handelt sich da noch keineswegs um den Vater, den man in dieser Welt hören und empfangen möchte, sondern um das Bild, das man sich von ihm gerne macht, damit dieses die menschlichen Ambitionen rechtfertigt.

Im Laufe der Jahrhunderte und für zweimal tausend Jahre wird sich eine Macht niederlassen, die die der Liebe mit umgekehrtem Vorzeichen sein wird. Es handelt sich um die Macht des großen, auferstandenen Babylon, die allerdings vorgibt, das um sie herum bestehende Babylon zu denunzieren. Hier werden Lüge und Herrschaft zu Prinzipien erhoben. Ganz sicher werdet auch ihr von dieser Epoche sein, denn die Seelen, die akzeptieren, daß ich meine Saat in sie lege, versinken niemals ganz in einer totalen Amnesie. Trotz ihrer Verirrungen und ihres Zögerns wissen sie doch sehr genau, wo die Sonne sich befindet ... was vielleicht nicht ganz so leicht ist, wie man dies in den Tempeln gerne lehrt.«

Simon-Petrus erhob erneut seine rauhe und mächtige Stimme, während seine Hände jedes Wort mit einer Geste unterstrichen.

»Allein schon die Tatsache, daß ich deinem Blick begegne, Rabbi, ist für mich eine Lehre, der ich mich oft als nicht würdig erachte. Wenn wir weiterhin zu denen von dort unten gehören, warum hast du uns dann ausgewählt, um hier an deiner Seite zu sein?«

» ... Aber ihr habt euch doch selbst ausgewählt! Seit dem Beginn der Zeiten wurde jeder aufgerufen; jeder hat diesen Ruf vernommen ... Nur wird man bisweilen von einer gewissen Taubheit heimgesucht. Und diese liefert uns dann die Entschuldigung, um uns nicht nur stumm, sondern auch blind zu fühlen. Keine Wahrheit kann dann in uns dringen, noch aus uns heraustreten. Wir sind vollgestopft von uns selbst und ersticken daran, und wir sind vollkommen unempfindlich der Tatsache gegenüber, daß jeder Augenblick des Lebens, der durch unser Wesen fließt, den Ruf des Namenlosen erneut laut werden läßt.

Berufen seid ihr alle! Oder zweifelst du daran, Simon? Alles ist Lehre, denn der, der die Worte auf meine Lippen legt, ist auch im Herzen eines jeden Ereignisses. Dein Irrtum von heute ist eine Lektion. Wisse auch, daß ich mitten darin bin und daß da, wo du mich abwesend wähnst, ich sicherlich noch anwesender als sonst bin ...

Erforsche deine Seele, sie braucht weder Priester noch Gesetzeslehrer, um ihren Elan ausdrücken zu können. Mach dir um ihre Unwetter und ihre Wellen keine Sorgen ... Dies sind alles nur Zeichen dafür, daß mein Vater sich um dich kümmert und dich lehren will, das Steuer zu halten. Deine Seele, eure Seele, liebe Freunde, ist ein Ozean, der sich zur Ewigkeit hin öffnet. Jede Insel, an der ihr anlegt, nimmt das Gesicht eines Wesens oder eines Augenblicks an; an diesen Ufern erlaubt euch das Leben, euch auszuruhen; manchmal bringt es auch Leid, auf jeden Fall läßt es euch immer reifer werden.

Jede Insel zeichnet das Relief meiner Worte nach und erinnert an meine Worte. Diese hallen für morgen wider, weil die Menschheit immer wieder weitersegeln muß. Heute blase ich lediglich etwas Wind in die Segel, deren Stoff einige zu weben versuchen, aber ich lächle angesichts der Riffe, die bereits am Horizont auftauchen.

Nach euch werden Menschen nicht nur meine Worte verewigen, sondern auch die Kraft meiner Worte, um ihre eigene Unendlichkeit zu ermessen und ihre Stärke, so etwas Wunderbares wie Liebe zu entdecken ...«

Plötzlich meldete sich ein kleiner Mann zu Wort, den wir unter dem Namen Josua kannten und der mehrere Fischerkähne in Kapernaum besaß. Er gehörte zu denen, die wenig redeten; aber sein Gesichtsausdruck spiegelte ganz deutlich wechselweise innere Ruhe und tiefste Verwirrung wider.

»Sag uns, Rabbi, was sollen wir nun glauben? Du sprichst von dieser Kirche, die man in deinem Namen entstehen lassen soll, und dann von der Lüge derer, die darin Ruhm und Macht suchen ... aber du lehrst uns auch, daß dies alles notwendig sei. Wenn Irren einer unserer Meister ist, warum nennt man ihn dann Irrtum?«

»Man spricht von Irrtum, weil dieser uns erlaubt, uns in einer Zickzacklinie meinem Vater zu nähern; es ist eine Strecke voller Kurven, Gegensätze und Leiden. Und dies unterscheidet diesen Weg eben von dem rechten, der präzise und direkt ist wie ein Pfeil, der schnurgerade in sein Ziel fliegt.

Und nun, meine Freunde, was antwortet ihr auf diese Frage, die ich euch stellen möchte: Was muß man tun, um zu diesem Pfeil zu werden, der in das Herz der Zielscheibe trifft?«

Ein lautes Gemurmel stieg aus unseren Reihen auf. Die einen hatten eine Idee, wagten aber nicht, sie laut auszusprechen, und die anderen glaubten, vielleicht die Antwort zu kennen, und versuchten, sich Gehör zu verschaffen. Die ganze Welt war hier versammelt, ein jeder mit seiner eigenen Geschichte, seinem Leuchten in den Augen, das ihn von den anderen unterschied, seiner Ungeduld oder seinem Vertrauen, seiner Stärke und seiner Zerbrechlichkeit.

So viele Seelen, die in ihrem Köcher warteten, um von dieser Zickzacklinie freizukommen.

Erneut zog Esther die Aufmerksamkeit des Meisters auf sich. Unter ihrem dunklen Schleier verriet ihr Gesicht eine tiefe Freude, die niemandem verborgen bleiben konnte.

»In deine Fußstapfen treten, Rabbi!« rief sie aus ...

»Glaubst du dies wirklich? Hast du schon einmal auf einem Strand beobachtet, was geschieht, wenn du deine Füße genau in die Spuren der Person setzt, die vor dir gegangen ist?«

Esther blieb wie versteinert.

»Nun, kleine Schwester ... deine Spuren verformen unvermeidlich diejenigen, in denen du schreiten wolltest. Dies ist ein Naturgesetz, das allerdings ein anderes, größeres verdeckt ... Wenn du nicht du selbst sein kannst, dann beschädigst du das, was das Leben in der Welt in Bewegung gesetzt hat. Darum sollen die Schritte, die du zu unternehmen gedrängt wirst, auch wirklich deine Schritte sein, und auch dein Denken soll in jeder Beziehung dein eigenes Denken sein. Ist dir klar, was ich damit sagen will? Wenn du meine Worte wortwörtlich wiederholst, das heißt, wenn du nicht deine eigenen Worte lernst, kann das, was in mir ist, dich nicht in vollem Maße erfassen. Das Leben, das mein Vater der Welt schenkt, ist einzig, aber es verlangt nach dem Duft und der Farbe eines jeden.

Willst du, daß deine und meine Spuren miteinander verschmelzen, dann, wahrlich, ich sage dir, wirst du nicht wirklich die Worte der Liebe aussprechen. Deine Worte werden nur einfache Widerspiegelungen der Liebe sein, denn du hast es nur verstanden, diese Worte zu reproduzieren, statt das Leben in dir und durch dich handeln zu lassen. Du hast also ihren Wert durch deine Worte verdeckt und auch ärmer gemacht ... und du hast dich selbst vor dir verschleiert.

Wenn ich euch dazu aufrufe, das aufzusammeln, wovon meine Seele überläuft, so geschieht dies gewiß nicht mit der Absicht, daß ihr meine Seinsweise nachahmt. Meine Art zu sein soll für euch nur Quelle der Inspiration sein, die Essenz eures Wachsens und eurer Rückkehr zum Licht ... dies ist meine Lehre. Daß mein Wort für euch ein Ferment bleibt, ohne daß ihr es zum Erstarren bringt, ist der Wille des Namenlosen.

Neulich, Esther, vor diesem Laden am Rand von Migdel, hast du unaufhörlich wiederholt ›Der Meister hat gesagt ...‹ Ich schätze deine Liebe und dein Vertrauen, aber was hast du selbst gesagt, du? Ich wollte aus deinem Munde nicht das hören, was mein Mund bereits ausgedrückt hatte, sondern vielmehr das, was mein Herz deinem Herzen an Inspiration gegeben hat und was es deinem ganzen Wesen suggeriert hat.

Findet zu euch selbst, meine Freunde! Ihr könnt mich nur erkennen, wenn ihr euch selbst findet ... Laßt mich euch nun erklären, wie ihr zu einem Pfeil werdet ...«

Während er noch so sprach, war der Meister aufgestanden und zu einem Felsen gegangen, an den er sich anlehnte, während er die Arme ausbreitete, als wolle er mit dem Berg verschmelzen.

» ... Ihr werdet zu einem Pfeil, wenn ihr endlich zu begreifen beginnt, was dieser Zickzackkurs in euch auslöst. Sobald ihr die Tiefe seiner Furche betrachten könnt, werden seine Bedeutung und sein Wert in euch leuchten und euch erleuchten. Und dies ist genau der Zeitpunkt, wann aus einem Irrtum eine Lehre wird ... Denn der Schmerz ist bisweilen in der Lage, uns Dinge einzuprägen, von denen nur der weiseste der Meister sprechen kann. Den Irrtum anzuerkennen, ihn zu leben und sich der Veränderung zu öffnen, die er notwendigerweise mit sich bringt, bedeutet bereits, ich sage euch, die Entdeckung des Lichtpfeils in euch selbst.«

»Muß man also weiterhin bereuen, Rabbi?« fragt leise jemand aus der Versammlung.

»Bereuen? Vor wem willst du etwas bereuen? Vor dem Ewigen? Der Ewige kennt keine Ressentiments. Er ist und läßt seinen Odem in voller Freiheit sein Werk in jedem und durch jeden vollbringen. Etwas zu bereuen ist eine Sache zwischen dem Ich und mir. Es handelt sich dabei nicht um eine Anklage, die man führen muß, sondern um einen Glaubensakt, den es zu erwecken gilt ... Glauben an den Nutzen der gebrochenen Linie, Glauben an die Sonne, die in jedem von uns leuchtet. Glauben auch an die Liebe, diesen ewigen Balsam, den jeder zum richtigen Zeitpunkt erhält.

Und dann, sag mir ... Wer unter euch und unter all den vielen Menschen besitzt genügend Weisheit, um mit Gewißheit sagen zu können, daß dies ein Irrtum ist und dies keiner? Wer von euch befindet sich ständig so hoch auf dem Berg, um alle Kurven und Schleifen der Wege zu beobachten, die sich an ihm entlangziehen, und außerdem noch den Horizont, an dem alle diese Wege schließlich enden? Niemand, meine Freunde.

Der Ewige hat für jeden einen Weg und einen Plan vorgesehen. Und die Wahrheit des einen kann sogar das Vorgehen des anderen stören.«

»Aber was sollen wir dann tun, Meister?« fragte Esther, indem sie ihren Schleier auf ihre Schultern gleiten ließ.

»Frage mich besser, wie ihr sein sollt! In der Tat versuche so zu sein, wie du in Wirklichkeit im Inneren deines Herzens bist, Esther. Ich möchte damit sagen ... stehe über den Reflexen, die man dir angeeignet hat, über den Prinzipien und dem Räderwerk der Welt, die deinen Körper genährt haben ... denn diese Welt hat oft nur die Maske genährt und die Seele in ihrem Aufschwung dagegen gebremst. Schau hinter das Flittergold der Priester und all derer, die nach eigenem Gutdünken menschliche Moralbegriffe und Moralregeln auf-

und wieder abbauen. Entferne und befreie dich von der Faszination, die diese Menschen auf die Welt ausüben. Erinnere dich stets an folgendes: Solange du mich in dir nicht erkannt hast, wirst du beherrscht, beherrscht von Dogmen, kleine Schwester ... Und diese Dogmen sind so zahlreich, so subtil, daß man sie in der Regel gar nicht mehr wahrnimmt.

Entferne das Urteilen aus deiner Seele, die von denen fasziniert ist, die die Macht erzeugen und sie auch halten. Nur so, dies sage ich dir, wirst du der Liebe und der Weisheit den Platz zuweisen können, der ihnen in dir zusteht. Die Kraft der Dualität, die diese Erde zusammenhält, erwartet unaufhörlich von dir ein Urteil, denn Urteilen bedeutet die Faszination der Trennung. Wenn ich dir sage ›Urteile nie‹, so tu ich dies nicht, weil mein Vater darin ein Übel sieht, sondern weil das Urteil das Öffnen deines Herzens unterbindet und weil nur dieses Öffnen meinen Willen lenkt.

Wißt ihr, meine Freunde, es gibt *das* Gesetz, jenes, das kein Gesicht hat, keinen Namen, und *die* Gesetze, die einschläfern. Diese, hinter denen man meinen Namen einsperren wird, werden eurer Seele keine Ketten mehr anlegen, wenn zweimal tausend Jahre vergangen sein werden ... Denn dann wird das in euch beansprucht werden, was am wahrsten und größten ist. Wenn diese Stunde gekommen ist, wird mein Wesen in euch aufleben.«

Ein sanftes Schweigen schwang über uns, Blicke begegneten sich. Sie enthielten so viele Dinge, die die vorbeiziehenden Jahre niemals werden auslöschen können ... Schließlich machte der Meister eine Bewegung mit der Hand, lächelte, und wir hatten verstanden, daß es Zeit zum Aufbruch war. Wir standen also auf und folgten seiner hohen weißen Gestalt.

Während wir erneut das steinige Feld mit seinen Lämmern und Disteln durchschritten, erwärmte die morgendliche Sonne bereits gründlich unsere Körper. Zwischen zwei spärlich mit Lorbeer bewachsenen Hügeln tauchte für einen Augenblick die spiegelglatte Oberfläche eines Sees auf.

Kaum waren wir wieder auf dem Weg, der zu den Ufern und den Dörfern hinabführte, blieb der Meister plötzlich stehen und wandte sich uns zu.

»Morgen ...«, sagte er mit kräftiger Stimme, » ... morgen gehe ich nach Migdel. Wer von euch möchte mich begleiten?«

Zweites Kapitel

Vor der Tür

Heute sind zweimal tausend Jahre vergangen und doch haben die Worte, die aus meiner Feder fließen, immer noch den Duft der Worte von gestern. Gestern, jetzt, morgen, alles vermischt sich schließlich ... Die Zeit ist ein eigensinniger Alchimist, der unaufhörlich die Seelen in seinem Schmelztiegel bearbeitet.

Zweimal tausend Jahre sind verflossen, und eine Stimme ist in der Tiefe der Nacht zu mir gedrungen, inmitten eines Raumes aus unendlichem Licht. Eine kraftvolle und mächtige und doch so sanfte Präsenz. Unmöglich, auch nur die Konturen festzuhalten oder ihre Farbe mittels eines Namens zu suggerieren ... Was soll's auch! Vielleicht ist dies nur die Stimme unseres inneren Meisters? Ich versuche nicht, sie zu definieren, sondern lasse vielmehr ihren Atem mein Wesen durchdringen. Sie erwartet auch nichts anderes, denn so möchte sie auch bei ihrem Werk vorgehen.

»Nun stehst du vor der Tür ... Eine Tür, die einem Spiegel gleicht, oder? Nun steht die Menschheit sich selbst gegenüber ... Schaut euch genau an, ihr alle, Männer wie Frauen, schaut sie euch an. Macht sie einen Buckel, oder wölbt sie den Brustkorb? Wohl beides gleichzeitig ... seltsam. Und diese dicken Bäuche, diese Finger, die etwas ergreifen möchten, was verbergen sie? Erzählen sie die gleiche Geschichte wie all diese Falten in den Gesichtern? Ich sehe so viele abgenutzte Kleidungsstücke, und doch sind diese immer noch voll stolzer Arroganz ... Sie können nicht mehr geflickt werden und sind nur noch ein fader Abglanz überalterter Gewohnheiten. Die Illusionen vergehen. Was bleibt noch davon, daß wir uns trotz allem daran klammern? Stellt euch die Frage so, wie ich sie euch stelle ... Wenn eure Seele eine Tracht Prügel braucht, werde ich sie ihr geben ... es sei denn, sie kümmert sich bereits selbst darum. Es ist zu spät für Winkelzüge und Ausweichmanöver, denn es gibt im Herzen der Menschen etwas, das sich heute energisch ausdrücken muß. Der Zeitpunkt zu einer Therapie ist gekommen, der Augenblick, Balsam auf die Wunden zu streichen und Abszesse aufzuschneiden.

In einem jeden von uns schlummert ein Essener, und den möchte ich wieder aktivieren ... Ich möchte dies als Essener-Prinzip bezeichnen, das Sonnenprinzip, das jedermann bei seiner Geburt erhält und das er von jeder seiner früheren Lebensreisen erbt. Ihr könnt sicher sein, daß die alten Wunden von gestern Zeichen setzen, die die Kräfte von heute mobilisieren können und müssen. Eure Kraft zum Zusammenhalt, zur Aussöhnung und zum Sammeln liegt vor euch, wenn ihr es wollt.

Ich weiß, daß ihr dies alles schon kennt. Ihr habt darüber gelesen, davon gehört und alles tausendmal wiederholt, und doch verringert dies weder eure Ängste noch eure Ungewißheit, weder eure Ungeduld, eure Leiden noch eure Wünsche. Ich weiß, daß man nicht bewußt an der notwendigen Mutation dieser Welt teilnehmen kann allein kraft des Willens zu ›sein‹. Was bedeutet überhaupt dieses kleine Wort ›sein‹? Man selbst sein, zu Diensten sein, perfekt sein? Oder ist es im Grunde nichts anderes als die Ausgeburt eines Deliriums eines Utopisten und Mystikers ohne Wurzeln? ... Denn es hat seinen Ursprung im Herzen dieses Wortes, von dem nur wenige Menschen wissen, was es genau bedeutet. Auf jeden Fall spürt ihr es, denn es schwingt innerlich wie ein Lied, dessen Noten ihr bereits kennt. Der Essener in euch erinnert sich daran, dieser Teil eures tiefen Bewußtseins, der tausend Informationen, tausend Erfahrungen gespeichert hat und der das Mosaik der Wahrheiten durchlaufen hat, die nach und nach *die* Wahrheit bilden.

Jeder Mensch, ob Mann oder Frau, wird zum Essener, wenn er sich seiner Macht bewußt wird, den Christus in sich und um sich herum zu erwecken. Ich meine damit nicht etwa einen Vollkommenheitsgrad, der dem Ego schmeicheln kann, sondern einen Zustand, in dem man beginnt, sich seiner eigenen Vervollkommnungsfähigkeit bewußter zu werden.

Baumeister seines Selbst und dieser Welt zu werden, so könnte man das herrliche Abenteuer definieren, zu dem ihr inkarnierten Wesen heute geladen seid. Man wird mir gewiß sagen, daß stets die gleichen Worte wiederholt werden und daß diese kaum die Dinge vorantreiben können, weil sie wie eine Art von Versprechen sind, das vom ›Wissenden‹ zum ›Nichtwissenden‹ geht.

Deswegen beharrt nicht so sehr auf der Intensität meiner Worte als vielmehr auf der Bedeutung der Ereignisse, die ihr erlebt. Euer Leben ist das Buch, das euch in erster Linie betrifft. Eure Aufgabe ist es, gleichzeitig zu lernen, dieses Buch zu schreiben und zu entschlüsseln … was bis heute so wenig getan und so wenig beherrscht wurde …

Die Menschheit in ihrer Gesamtheit war so sehr mit ihrer Rolle beschäftigt, das zu reproduzieren, was einige gedacht haben, daß sie darüber ganz vergessen hat, sich anders zu entwickeln als nur im Spiel der Kräfte. Ich möchte damit nicht sagen, daß dies heute anders ist, denn das Ausmaß der Hypnose, die sie erstickt, ist stets außerordentlich deutlich zu spüren, aber es gibt heute ein reaktives Ferment, zu dem eine stets steigende Anzahl von Leuten Zugang hat. Und eben dieses Ferment möchte ich aktivieren und stimulieren, selbst wenn ich schmerzliche Einschnitte vornehmen muß, um die Gangrän, die so viele Seelen und Körper brandig gemacht hat, endgültig in ihrer Ausbreitung zu bremsen.

»Ich weiß … ich höre euch sagen, ›das Leben … mein Leben … ich erlebe einen Schicksalsschlag nach dem anderen … ich wage nicht, von einer Lektion nach der anderen zu sprechen, denn wie kann man sicher sein, auch das zu verstehen, was das Leben von mir erwartet und was es mich lehren will. Ich habe eher das Gefühl, als pinselte ich stets neue Farbe auf die Kratzer der Vergangenheit ... wobei ich mir selbst nie offen eingestehe, daß dies stets immer nur ein Anstrich ist ... Schließlich führt dies dazu, daß ich alles ablehne, daß ich mich hinter meinen Fassaden verhärte oder mich blindlings an den hänge, der gekommen ist, an den, der kommen soll ... und in der Tat an den, von dem man mir sagt, er sei ... Und so suche ich unaufhörlich in Seminaren und in Vorträgen, in Schulen und in Vereinigungen, in Büchern und Zeitschriften ... Früher wußte ich nichts, heute, so scheint es, weiß ich, aber ich kenne nichts, ich bin ein Fotokopierer mit schönen Ideen, und da ich nichts kenne, bin ich nicht ... das heißt, daß ich leide und mich weiter gegen alles und nichts schütze.‹

Und innerlich fügt ihr noch hinzu: ›Wenn Er nur da wäre, klar und deutlich, dann wäre der Weg offen und alle Blicke frei von ihren Schuppen!‹

Ich sage euch, einer der Aspekte des Problems basiert auf einer Verwechslung. Niemals habt ihr in der Tat unterscheiden können zwischen dem, der ist, und denen, die den, der ist, inkarnieren oder inkarniert haben. Ihr habt noch nicht klar und deutlich zu unterscheiden gelernt zwischen der Wesenheit und den vielfältigen Aspekten dieser Wesenheit.

In Wahrheit war Jesus, wie er uns vor zweitausend Jahren erschienen ist, eine äußere Erscheinung, eine Hülle; er hat die Wesenheit gewählt, um euch an seine Existenz und sein mögliches Handeln in euch zu erinnern. Der, der ist, ist ein Prinzip, das kein menschlicher Begriff umschreiben kann, ein Feld von hyperbewußter Energie und All-Liebe, die Fleisch werden und sich inmitten der Dualität hingeben kann. Es handelt sich um den Sohn, um Vishnu, um diese Kraft, die sich regelmäßig auf Erden im Körper von einigen Meistern der Weisheit inkarniert ... Sie hat, unter anderem, die Gesichtszüge von Rama, von Krishna, von Jesus angenommen und ist dabei, sich heute erneut erahnen zu lassen.

Wißt, daß jeder dieser Meister einen Ruf darstellt und nicht etwa einen Fixstern, dessen Ziel es ist, euch auf eine Reihe von Credos mit manchmal gegensätzlichem Aussehen festzulegen. Wenn die Liebe gewählt hat, sich nun regelmäßig so zu inkarnieren, dann glaubt nicht etwa, daß sie dies tut, indem sie die bereits in einer Art von Vollkommenheit unbeweglichen, zu Statuen versteinerten Wesen noch überschattet. Alles in jedem von euch bleibt ewig in Bewegung. Die Idee von der Vollkommenheit ist an sich schon unvollkommen, da sie die Kraft in einer Welt mumifiziert, die ihrerseits nur Abbild ist. Der Meister Jesus, der in sich Christus aufnehmen konnte, war die vollkommene Illustration des möglichen Weges eines jeden in Richtung auf die Rezeption des Kommenden. Diejenigen, die seinem Blick begegnet sind und diesen in ihrem Herzen bewahren, wissen, in welchem Maße er die Nicht-Bindung darstellte, das heißt, auf welchem Niveau er die Schmerzen des Wachstums und der Selbst-Geburt erfahren hatte.

Ja, eine solche Sprache mag überraschen ... eine so unendlich lange Reihe von Theologen hat aus ihr einen solchen Steinblock gemacht! Das Kind Jesus als Christus-Träger, ohne erfaßbare Vervollkommnung seit der Zeit der Wiege ... genau dies ist das einzige Bild, das Generationen von Priestern immer wieder weitergaben ... und so in jedem von euch, sehr subtil, jede Hoffnung erstickten, einen Christus-Zustand zu erreichen.

›Christus *ist*, während ihr nie sein werdet ... während ihr nie und nimmermehr etwas anderes sein könnt als Gerettete ... unter der Voraussetzung, daß die Gnade ihr Werk in euch vollbringt dank einiger Mysterien und dank der Bindung an ein Dogma.‹ So in etwa wird man zu euch sprechen.

Man wird mir, meine lieben Freunde, einen Hang zur Karikatur vorwerfen, aber wo ist dies in dem, was ich gerade sagte? Seht darin keine Verbitterung, sondern nur einen scharfen Blick, nach dem die Zeit verlangt.

Also, ich bestätige euch erneut, daß der Meister Jesus die

Hülle, der Träger, das heilige Werkzeug dieser Gegenwart, dieses Allbewußtseins war, das man Christus nennt und das euer künftiges Erbe darstellt. Die ersten dreißig Jahre seines Lebens waren dreißig Lehr- und Wanderjahre bis zur totalen Beherrschung dessen, was in einem inkarnierten Wesen blühen kann. Das Leiden und die menschliche Schwere, die diese Jahre mit sich brachten, erhöhen nur seine Größe und bringen ihn einem jeden von uns noch näher. Und gerade diese so wunderbar menschliche Seite hat aus ihm den historischen Christus gemacht, genau wie, analog dazu, aus Siddharta Gautama der historische Buddha wurde.

Sein Leben, wie es wirklich ablief und nicht wie es üblicherweise erzählt wird, ist selbst eine Art Parabel, das Symbol des Weges eines jeden von uns zu seiner eigenen Verwirklichung. Alle Etappen zur Ausarbeitung des großen alchimistischen Werkes sind darin vereint. Von seiner Geburt in Begleitung von Tieren in einem halb unterirdischen Stall bis zu seiner Kreuzigung und der Feststellung seines Todes, all dies betrifft uns direkt.

Nichts in seiner wahren Existenz spricht von einer Vollkommenheit, die auf eine monolithische Art und Weise aus man weiß nicht welcher himmlischen Sphäre herabgestiegen ist. Ganz im Gegenteil, wenn man die Kraft hat, sich von dem Druck des ›kanonisch Richtigen‹ frei zu machen, berichtet alles im Detail vom Aufstieg, zu dem jeder Mann und jede Frau Zugang haben kann.

Vielleicht schockiere ich euch, wenn ich sage, daß der Meister Jesus bei seinem Aufenthalt im Himalaja – damals war er noch nicht von Christus beseelt – den Lehren eines … Yogis folgte, einem Meister von Shangrila, der bereits den Namen Babaji trug.

Ja, ich habe euch gesagt, daß dies schockiert, derangiert, daß dies dazu verleiten kann, diese Bücher mit diesen meinen Worten abzulehnen. Wenn ihr mir nun weiterhin folgen wollt, wenn weiterhin Vertrauen besteht und der Wille vorherrscht, mir nicht einfach zu glauben, sondern vielmehr kennenzulernen, was in euch wohnt, laßt mich euch sagen, daß jeder jedem etwas schuldet. Die Verbindung zwischen den Menschen, den ›Dingen‹ und den Ereignissen ist ein absolutes Gesetz. Niemand und nichts, egal, wie groß es auch ist, entsteht von selbst. Das, was man Leben nennt in dem, was diese Kraft an Heiligstem, Göttlichstem, Ewigem besitzt, entsteht und wächst weiterhin durch euch und durch euch hindurch. Ihr seid es, und es ist in euch, selbst wenn ihr es vollkommen vergessen habt und nicht mehr wißt, wie es zu nehmen ist. Die Botschaft derer, die gekommen sind, und dessen, der kommt, wiederholt unaufhörlich auf tausend verschiedene Arten diese höchste Wahrheit.

Kein Glauben und keine Religion können von sich behaupten, allein entstanden zu sein. Aber selten sind die, die die Demut und so auch die Größe haben, dies zuzugeben. Die Vertreter der Religionen, die ich als ›Selbstgerechte‹ bezeichnen möchte, finden es viel interessanter, eine Form von Totalitarismus aufrechtzuerhalten, statt das Bewußtseinsfeld ihrer Gläubigen zu öffnen. Diese Haltung hat schwerwiegende Folgen für den Reifeprozeß der Seelen. Selbst wenn der Begriff des Irrtums in seiner Primärbedeutung einen Un-Sinn darstellt, wie ich euch bereits erklärt habe, so ist die Tatsache, daß jemand aus freien Stücken eine Evolution bremst, ein schwerwiegender Akt.

Ohne eine unnütze Polemik schüren zu wollen, meine ich, daß diese reduktive Form der Lehre eures Bruders Christus, die man als Katholizismus bezeichnet, zu einem guten Teil an dem jetzigen Zustand eurer Welt schuld ist ... Denn das abendländische Denken, das diese Lehre im Laufe der Jahrhunderte durchdrungen hat, hat ihr willkürlich sein Gesetz aufgezwungen und so Ungleichheiten und ihre unvermeidlichen Reaktionen hervorgerufen. Eine immer größere Anzahl von Priestern dieser Religion kapselt sich nicht mehr hinter einer dogmatischen Verhärtung ab und tritt heute in eine Phase größerer Klarheit. Leider haben nur wenige unter ihnen die Kraft, sich selbst in Frage zu stellen, da sie die meiste Zeit ›mit einer Schwimmweste geschwommen‹ sind, das heißt, sie haben ein bereits vorgekautes Denken geschluckt. Aber weist sie nicht ab, Freunde, weder die einen noch die anderen. Aus einfacher Liebe und also auch ohne jede Bedingung ... denn etwas von ihnen lebt notwendigerweise in euch, und ihr könnt sie also genaugenommen verstehen.

Denn wer unter euch, frage ich euch, hat den Mut zu einer totalen Integrität, ohne Angst, ohne Starrsinn und ohne Sektierertum? Wer unter euch ist totale Transparenz und unbedingtes Mitgefühl? Wer inkarniert so sehr die Infragestellung, daß er bereit ist, radikal eine Seite seines Lebens umzublättern?

Die Verkettung, an der jeder in dieser Welt teilhat, ist schrecklich, und man braucht mehr als Mut, um sich davon frei zu machen. Man braucht dazu eine maßlose Liebe, das heißt eine Liebe, die das Leben, über die Bahn eines Lebens hinausgehend, verstehen kann.

Und jetzt hört nun dies, ihr, die ihr behauptet, an der Veränderung teilnehmen zu wollen. In der Tat ist es heute, wo die Stunde der praktischen Umsetzung schlägt, die Stunde, wo ihr akzeptieren müßt, von dem Evolutions- und dem Revolutionsprinzip, das vor zwei Jahrtausenden ausgesät wurde, hin- und hergeschüttelt zu werden.

Dies alles betrifft keineswegs ausschließlich die ›christliche‹ Welt, denn das christliche Prinzip ist das Erbe von allen und aller Lebensformen seit dem Beginn der Zeit. Die christliche Flamme kann als das unveräußerliche Prinzip verstanden werden, das hinter einer riesigen Anzahl von Namen und Erscheinungsformen alles ernährt. Niemals wird sie dem gehören, der das weiß. Der Eingeweihte, der ewige Essener, ist jemand, der dies zu leben unternimmt, ohne daß er sich deswegen ein besonderes Wissen aneignen muß.

Der ewige Essener muß nicht zu Zeiten des Evangeliums gelebt haben. Der Eingeweihte des Herzens braucht sich nicht als ehemaliger Bewohner von Atlantis und gar aus dem nahen Umkreis von Bruder Echnaton auszuweisen; nur der Adel des inneren Umfeldes, in Wirklichkeit also der der Seele und der des Körpers, ist ein Zeichen dafür, was ist.

Einweihung, was für ein edler Begriff, meine Freunde! Während man überall am Ersticken ist, wie viele führen diesen Begriff noch ständig im Mund!

Ihr träumt immer noch von Geheimriten in Tempeln und Krypten, und natürlich in der Pyramide, so wie ein Kind, das von einer Fee und ihrem Zauberstab träumt! Natürlich hat es solche Praktiken gegeben, und ihr habt vielleicht in euch eine unklare nostalgische Erinnerung bewahrt. Sie hatten auch ihren Sinn in einer Zeit, in der der Mentalkörper aller Menschen weniger erweckt war und man ihn nur mit unendlichen Vorsichtsmaßnahmen befruchten konnte. Wenn die Menschen die Fähigkeit hätten, diesen Moment wiederzuerleben, so wären sie überaus erstaunt über die Tatsache, daß das, was man damals, von einigen seltenen Ausnahmen abgesehen, einer Minorität mitteilte, heute all denen, die ernsthaft suchen, zur freien Verfügung steht. Die Öffnung, die es heute gibt, ist zwar noch nicht total, aber so groß, daß sie bequem ausreicht, um die Befreiungsaufgabe zu lösen.

Dies sind also im großen und ganzen die Informationen, die in dem enthalten sind, was man immer voller Neid als Mysterien bezeichnet. Was das Erlebnis der Initiation selbst betrifft, so polarisiert ihr euch auf ihren magischen Aspekt, ohne dabei zu bemerken, daß dieser nicht unbedingt den edelsten Teil des Menschen nährt.

Die Vorliebe für die Macht ist bereits eine Form von Magie, und Magie, auch wenn ihre Motivierung rein ist, verführt leicht und subtil im Gegenzug zu einer Vorliebe für die Macht. Deswegen bewegt das, was ich weiterhin als Leben bezeichne, um nicht ein menschliches Antlitz auf etwas zu kleben, das keines hat, heute auf andere Art und Weise eure Seele. Die Energie der Macht hat sich im Laufe der Zeit so sehr auf euren verschiedenen Masken festgesetzt, daß ihr sie nicht mehr zu nähren braucht. Ihr müßt vielmehr den Weg entdecken, der von der Beherrschung zum Beherrschen führt ... das heißt im Grunde vom Hochmut zum Stolz oder, anders ausgedrückt, vom Zwang zum Dienst.

Die von dem Kommenden erteilte Initiation beginnt stets damit, aus euch Diener zu machen, denn sie agiert auf dem Grunde eures Wesens. Sie bringt zum Faulen, was unvermeidlich zum Faulen bestimmt ist. Sie ist lautlos, aber radikal. Niemals folgt sie einer Spur, die um das Ziel herumführt. Deswegen braucht sie keinen fünften, siebten, zehnten oder welchen Initiationsgrad auch immer!

Die menschlichen Markierungen, selbst wenn sie manchmal nützlich und respektabel sein können, sind niemals etwas anderes als menschlich, das heißt subjektiv. Das Herz braucht keine Diplome, um zu verstehen, daß es ein Herz ist. Es braucht keine magischen Praktiken, denn es ist höchste Magie. Glaubt ihr in der Tat, daß der Meister Jesus bei der Verwandlung von Wasser in Wein und von Steinen in Asche magisches Wissen zu Hilfe nahm? Keineswegs. Er brauchte nur zu bitten. Wen? Sich selbst, das Leben, das, was jeder von euch in sich noch nicht entwickeln kann. Diese Integration der Stärke hat aus ihm den gemacht, der er war und bleibt. Seht aber darin alles andere als ein Phänomen der Identifikation, dies geht viel weiter. Dies nennt sich eine Verschmelzung und ist auch der Punkt der totalen Begegnung zwischen dem Vertikalen und dem Horizontalen. Die Grundbedeutung des Kreuzes.

Zweitausend Jahre voller Zögern und vielseitiger Schmerzen machen solche Worte heute verständlicher als gestern. Der Anstoß wird zur zärtlichen Geste – und ihr müßt nun dafür sorgen, daß diese Zärtlichkeit schließlich auch die Verschmelzung hervorruft.

Ihr wollt wissen, wie, meine Freunde? Ich sagte es euch bereits: indem ihr das Alltägliche verehrt und damit die tausend Arten des Atmens, die es euch diskret anbietet. Das Essener-Milieu um unseren Bruder Jesus hat dies Jahre hindurch wohl verstanden, denn Jesus zollte den kleinen Dingen des Lebens einen fast kulthaften Respekt.

›Was ist denn groß?‹ fragten die Mitglieder der Bruderschaft, die ganz in Leinen gekleidet waren. ›Der Olivenbaum oder der Kern der Olive?‹ ›Der Olivenbaum‹, meinten naiv die einen, ›der Kern‹, antworteten darauf die anderen, die hier eine Falle wähnten. ›Weder der eine noch der andere‹, erklärten die weißgekleideten Gefährten. ›Nur die Liebe, die das Samenkorn aussäen läßt, verdient den Titel groß, denn in ihm sind bereits Erde, Wasser, Wind und Sonne enthalten, der ganze Baum bereits mit seinen Früchten und seinem Öl ... Und dies alles im Überfluß ... denn in dem Licht des Blickes, in der Sanftheit der Hand und in Dem, der sich hinter all dem versteckt, liegt der Keim des Universums. In Wahrheit ist nur dieses groß.‹

Wenn das Säubern von Gemüse für euch ein schmutziger und uninteressanter Akt ist und wenn eine Anweisung zu erteilen euch noch ein gewisses Wohlsein beschert, dann fragt euch doch einmal, ob ›der Kommende‹ für euch einen anderen Sinn hat als nur einen intellektuellen. Fragt euch ehrlich, ob eure ›Suche‹ nicht nur ein einfaches Erwarten ist.

Auch ich meinerseits sage euch, daß ihr nicht mehr warten könnt. Das Wort von gestern muß heute in Taten umgesetzt werden.

Jeder von uns ist ein Kanal, ob er will oder nicht. Denn dies ist ganz einfach das Ergebnis der natürlichen Konstitution des Menschen. Dies bedeutet, daß ihr in jedem Augenblick eures Lebens Empfänger und Sender seid. Was den Empfang betrifft, so habt ihr immer die Wahl zwischen zwei Quellen – der der Befreiung und der der Haft. In der Tat dominiert stets die Quelle der Befreiung in euch, denn sie ist das Leben selbst, das genauso in euren Zellen fließt wie in der Gesamtheit des Kosmos. Was die Quelle der Haft betrifft, so handelt es sich da um einen Teil dessen, was ihr von diesem Kosmos aufnehmt, nachdem ihr ihn jedoch zuvor durch eure Persönlichkeit gefiltert habt.

Seht, die Zwei entsteht aus dem absoluten Herzen der Eins. Genauso beim Akt des Sendens: Eure inkarnierte Persönlichkeit kann das Leben ohne jedes Hindernis, nur ein bißchen gefärbt, übermitteln, oder, im Gegenteil, sie kann es übertragen, verformen, verraten ... Dies ist in der Regel der Fall, da ihr eure Realität als Kanal nicht akzeptiert. Ihr verschließt das Bett des Lebensflusses, indem ihr unaufhörlich in all euren Lebenslagen ein Kräfteverhältnis aufbaut. Es will euch nicht in den Sinn, daß es noch etwas anderes gibt als ›ihr und die anderen‹ und ›ihr und die Tatsachen‹. Die anderen sind stets die, denen man ›etwas verkaufen muß‹, denen man etwas beweisen muß; was die Tatsachen betrifft, so macht ihr daraus ständig Schranken oder auch Mauern, die es dann meistens wieder einzureißen gilt.

Solange dieser Begriff des Kräfteverhältnisses in euch wach ist wie eine Art Glaubensakt, dann, sage ich euch, könnt ihr nicht die Initiation in dem Schmuckkästchen des Alltäglichen finden.

Ja, ich spreche ganz bewußt von dem Schmuckkästchen des Alltäglichen ... Denn im Laufe der Tage wird aus dem Gewicht eures ›kleinen‹ Lebens in der Tat ein wunderbares Juwel.

Die Intelligenz, die in allen Lebensformen existiert, also in absolut *allem*, was euch begegnet, spricht zu eurem Wesen in einer Sprache, die dieses verstehen muß.

Vielleicht fragt ihr euch, warum ihr euren Tag vor einem Computerbildschirm verbringt oder an der Kasse eines Warenhauses. Vielleicht habt ihr immer noch nicht verstanden, welches Interesse man haben kann, in einem Restaurant zu bedienen, Metallstücke zusammenzufügen, Kindern, die euch nicht zuhören, etwas zu sagen, oder einen Verwaltungssektor zu leiten ... Je nach Aufgabe und Funktion ist auch das Einkommen eines jeden unterschiedlich.

Fragt euch einmal ehrlich, was eure Seele braucht! Muß sie Präzision erlernen, Organisationssinn, Verantwortungsbewußtsein ...? Oder eher Demut, Geduld, Mut, Ausdauer? Wenn ihr es nicht wißt – oder auch nicht wissen wollt –, laßt mich euch sagen, daß das Leben – das Göttliche, das in ihm lebt – es an eurer Stelle weiß und *alles* daran setzen wird, damit die Lektion gelernt wird. So erteilt es hauptsächlich die Initiation, lautlos und unter ständigem Kneten der untersten Schichten eures Wesens. Diese Einweihung, dies ist mir klar, kann euch kaum zufriedenstellen. In der Tat schmeichelt sie nicht der geringsten Zelle in euch, die dem Ich verschrieben ist. Aber darin liegt gerade ihre Wirksamkeit, die noch gesteigert werden kann, wenn man sich ihrer subtilen ›Mechanik‹ bewußt wird.

Alles Leiden kommt von der systematischen Rebellion gegen dieses Gesicht der Einweihung, die dem Ego nicht schmeichelt. Ihr könnt sie mit einer Versteifung oder einer Schrumpfung vergleichen, die den Kanal verkleinert und dazu führt, daß man an Dingen und Wesen aneckt. Genau wie die Lebenskraft nicht ungestört in euch fließen kann, könnt ihr euch nicht leicht zwischen den Ereignissen hindurchschleusen, die die Lebenskraft auf eurem Weg aufgebaut hat. Ihr stoßt sie an, und sie stossen euch an.

Das Göttliche lehrt euch nicht, alles zu akzeptieren. Hingegen initiiert es euch, euch nicht zu versteifen. Seine Faust entspannen bedeutet keineswegs, nun passiv seine Wange hinzuhalten, sondern vielmehr, sich aufzurichten und dem zuzulächeln, was hinter den Masken auftaucht.

Erinnert euch an die ersten Stunden eures Fahrunterrichts. Oft habt ihr ›mit Kraft‹ auf das Gaspedal gedrückt und so die Beherrschung des Autos schwierig gemacht ... bis zu dem Augenblick, wo ihr verstanden habt, daß es ausreicht, den Wagen in seiner natürlichen Fahrt per Gas zu begleiten. Und genauso, liebe Freunde, sollt ihr euch auch im täglichen Leben bewegen, um so möglichst gut dessen Einweihung zu erhalten. Alles wird zur Lehre, sobald man sich über deren Fortsetzung im klaren ist.

Kennt ihr das Papageienprinzip? Dies ist genau das Gegenteil davon, denn es handelt sich um das Prinzip des Nicht-Lernens, des Nicht-Erfahrens. Es spricht von individueller Entfremdung zugunsten der gelebten Erfahrung des anderen oder einiger anderer, vom Einschläfern des Bewußtseins gegenüber einem äußeren Wollen und Wissen. Das Papageienprinzip führt zu einem hypnoiden Zustand, in dem man zwar den Eindruck hat, frei zu handeln und zu denken, in Wirklichkeit jedoch mechanisch Worte, Ideen und Seinsweisen eines Modells reproduziert. Die meisten Modelle sind in dieser Welt denkbar, nur handelt es sich um Modelle, die sich selbst dazu ernannt haben. Ihr seht also, daß im Okzident das Monopol der richtigen Spiritualität von dieser Kirche beansprucht wird, im Mittleren Osten von jener, während gleichzeitig das Privileg von Gerechtigkeit und Freiheit a fortiori zum Erbteil von jener Art von Gesellschaft wird ...

›Habe ich recht, so bedeutet dies nicht unbedingt, daß du unrecht hast.‹ Meditiert über diesen Satz und versucht, euch die Initiation, die er enthält, zu eigen zu machen, denn diese Worte führen wesentlich weiter als nur zu dem, was ihr Toleranz nennt.

Christus, Jesus und die Essener Brüder hatten recht ... aber sie hatten nicht recht – und haben es auch immer noch nicht – aus eurer Sicht. Damit möchte ich sagen, daß ihre Lehre und Lebenserfahrung niemals eure Art und Weise, zu denken und zu sein, ersetzen wollte. Die Kraft, die von ihnen ausgeht, hat nichts Infantiles an sich. Im Gegenteil, sie stimuliert ›den Lebensstudenten‹ in jedem. Sie wendet sich an den verantwortlichsten und konstruktivsten Teil in euch. Ihr wißt ja bereits, daß Christus nicht als Christus anerkannt sein muß, um Christus zu sein. Nennt ihn Vishnu, wenn es euch lieber ist, oder wendet euch an Avalo ... oder an Quetal ..., wenn deren Gesicht euch besser gefällt. Wo liegt da noch der Unterschied, wenn sein Prinzip, das in allem wirkt, eure Verwandlung bewirkt? Der Rhythmus, in dem diese vorgenommen wird, ihre Färbung, ihr Parfüm, all dies bleibt euch überlassen. Dies macht eben aus euch authentische Wesen und stellt den Wert des menschlichen Abenteuers dar ... denn wenn ihr von dem Hohen gerufen werdet, so wachst ihr auf gleiche Weise durch die Gunst des Niedrigen.

Die zeitlose Lehre der Sonnenbrüder nimmt im Grunde wenig Platz ein. Wie könnt ihr spüren, ob ihr dem Sonnenherzen nahe seid? Indem ihr dem in eurem Leben möglichst wenig Platz einräumt, was den Beigeschmack von Zurückhaltung hat, was quält, Zügel anlegt, kurzen Prozeß macht und urteilt ... für all das, was wie nach einem Lehrbuch funktioniert.

... Und vor allem, irrt euch dabei nicht, denn Lehrbücher sind nicht nur eine Angelegenheit der Religionen. Es gibt sie auch im Bereich der Politik, Wirtschaft, Philosophie und Naturwissenschaften. Die orthodoxen Wege im Bereich von Denken und Handeln hatten stets die Wirkung einer Dampfwalze auf das Bewußtsein von aufeinanderfolgenden Generationen. Die Eins, müßt ihr wissen, bedingt und begünstigt die Vielfalt. Die Zwei hingegen will sich stets hinter dem Bild der Einheit einordnen, das da ›Nivellierung‹ heißt.

Die Vereinheitlichung des Bewußtseins ist ein Ideal, das sich gezwungenermaßen in eine antichristliche Richtung entwickelt, selbst wenn letztere in den großen Evolutionsplan mit eingeschlossen ist.

Alle Formen von Bekehrungswillen passen natürlich genau in diesen Nivellierungswillen. Etwas ›gut machen‹ ist nicht unbedingt gleichbedeutend mit ›etwas Gutes tun‹ ... vor allem, wenn dieses ›gut machen‹ sich zu sehr darauf beschränkt, der Handlung die Etikette des ›guten Christen‹ oder ›guten Moslems‹ aufzudrücken.

Ich sage euch, Jesus zeigte kein ›gut christliches‹ Verhalten im Sinne heutiger Dogmen, auch war zum Beispiel Mohammed kein ›guter Moslem‹ im heutigen Sinne.

Die Essener Brüder waren in ihren Ansichten in Wirklichkeit viel revolutionärer als die Zeloten-Krieger. Der gewalttätige Weg dieser Krieger war nie etwas anderes als das Abbild des ewigen Schemas der ›Kräfteverhältnisse‹, nach dem die Menschheit seit so langem funktioniert.

Der lautlose Weg des Dienens, nach dem die Essener Gesellschaft in ihrer Gesamtheit funktionierte, machte notwendigerweise aus dieser einen Mikrokosmos, der eine tiefgehende Initiation vermittelte.

Die Wirkung einer Idee oder eines Wesens mißt sich nicht an dem punktuellen Glanz, den es in der Welt hinterläßt. Nur das Eindringen in die Bewußtseinsebenen macht daraus ein echtes Verwandlungselement. Dabei ist die Diskretion untrennbar mit dieser Samenlegung verbunden. Seht in meinen Worten keineswegs eine Art moralisierenden Redens, das aus allen ewige ›Demütige‹ gegenüber dem Joch einer Gesellschaft machen will, die sich über ähnliche Überlegungen nur lustig machen kann. Demut und Diskretion, die ich euch als Hauptmotoren christlicher Einweihung nenne, führen nie und nimmermehr zur Demütigung.

Liebe Freunde ... gewiß fragt ihr mich nun ›Wo ist denn in all dem Platz für den Geist?‹ Und ich antworte euch ... Platz ist überall! Gibt es einen einzigen Lebensraum, in dem der Geist nicht seinen Platz hätte? Er kann nirgendwo unterdrückt werden, weil alles von ihm ausgeht. Versteht dies bitte richtig! ... Der Geist ist nicht fakultativ. Er ist keine Option. Man ist sich seiner wirkungsvollen Präsenz bewußt oder nicht, aber er wartet nicht darauf, anerkannt zu werden, um wirksam zu werden. Er ist in der Tat die einzige ›Begrenzung‹ eurer Freiheit, weil ihr nicht frei seid – selbst wenn ihr seine Gegenwart verneint –, ihm den Platz in euch streitig zu machen. Wenn es nicht so wäre, dann hätte der Teil in euch, der denkt, liebt, nörgelt und handelt, nicht seit Anbeginn der Zeiten bestehen können. Ihr wärt, wir wären alle ein Nichts im Nichts.

Ich sage euch also, habt keine Angst, euch am Leben zu reiben in allem, was es euch an ›Demonstrativem‹ anbietet, und haßt nicht die Elemente in ihm, die sich an euch reiben und euch zu verletzen scheinen. Euch zu verletzen scheinen ... dies mag ironisch klingen ... ist es aber nicht ... denn nur euer oberflächliches Wesen leidet ... Ich meine damit das der Oberfläche dieses Planeten und der Oberfläche eures Bewußtseins. Euer innerstes Wesen dagegen bleibt ein reiner

Diamant, nichts kann ihm etwas anhaben, während das Licht, selbst hinter der Maske des Dunkels, ihn weiterhin befruchtet.

Ich weiß …›Ein schwacher Trost‹, werdet ihr erwidern, ›es gibt doch kaum eine absolut gültige Gebrauchsanleitung, um dies im täglichen Leben zu inkarnieren. Also bleibt die christliche Wesenheit, das Essener Ideal und alles, was von dem gleichen Licht zehrt, ein Wort, eine unerreichbare Hoffnung, dort oben, auf dem Gipfel unseres inneren Himalaja.‹

Und ich sage euch meinerseits: Deswegen ist es gut, daß eure Welt heute nicht verschont wird, wenn Liebe und Nicht-Liebe sich begegnen, wenn ihr verweilt auf dem Gewicht dieser Worte und wenn ihr schließlich mit einem anderen Herzen den Sinn dessen, der ist, wiederentdecken wollt.

Drittes Kapitel

In jeder Frau schlummert eine Frau

Der Dorfplatz von Migdel war voller Leute. Wenn man die Stufen hinabstieg, die von der Straße zum See Genezareth führten, sah man nur weiße und ockergelbe Flecken, die sich zwischen den Marktständen drängten. Wie jeden Morgen verkauften die Fischer hier ihre Körbe voller Fische und sprachen mit den vielen Leuten, die von den umliegenden Hügeln hierherkamen. Seltsamerweise spüren meine Füße noch die Wärme der Sonne auf dem breiten Straßenpflaster.

Der Meister war mitten unter uns. Wir waren kaum mehr als zwanzig Leute, und er führte uns auf die andere Seite des kleinen Dorfes in ein einfaches, aber schönes Haus, wo wir gewöhnlich nach langen Märschen haltmachten. Hier wohnte Myriam[1], eine junge Frau, von der man sagte, sie sei verwandt mit ihm, und die uns regelmäßig auf unseren Wanderungen begleitete.

Während wird durch die Töpfergasse gingen, wurde der Meister von einem recht korpulenten Mann mit rötlichem Gesicht angesprochen, der hinter einer Auslage mit Krügen und Schalen stand. Es war noch recht früh am Morgen, aber der Geruch, der von diesem Mann beim Sprechen ausging, ließ leicht erraten, daß er bereits kräftig von diesem sauren Wein gekostet hatte, den man an einer Ecke des Platzes nahe den Feigenbäumen trank.

1 Myriam von Magdala oder von Migdel

»Hallo Rabbi«, rief er in einem etwas provokativen Ton, »du gehst mal wieder nach unten ... Natürlich hat dies mehr Anziehungskraft für dich als meine Krüge ... Dabei sind sie doch so schön! ... Aber du solltest eher alleine dorthin gehen, Rabbi! Warum nimmst du immer all diese Leute mit?«

Als er dies hörte, machte der Meister kehrt und schaute dem Mann fest in die Augen. Wir bemerkten, wie ein besonders sanftes Lächeln über seine Lippen kam.

»Warum lädst du mich nicht zu dir ein, Töpfer? Gerne würde ich an deiner Seite ein wenig von deinem guten Wein trinken ... Dabei könntest du mir von dir erzählen ... Ich habe nicht vergessen, daß deine Frau im letzten Jahr bei der Niederkunft gestorben ist.«

Sprachlos fuhr sich der Mann mit dem Ärmel über seine Stirn, von der Schweißtropfen perlten.

» ... Du weißt dies, Rabbi? Aber wie ... du kennst mich doch nicht und hast mich noch nie angeschaut!«

»Seit nunmehr zwei Jahren durchquere ich diese Gassen hier, Isaak ... Und hast du mich jemals angeschaut? Weißt du überhaupt, daß wir den gleichen Beruf ausüben?«

»Den gleichen Beruf ...?«

»Wir geben der Erde eine Form, Isaak. Du durch die Geschicklichkeit deiner Hände und ich durch meine Worte. Du schaffst Dinge, um etwa Wein, Milch, Wasser hineinzutun, und ich schaffe auch ein bißchen davon ...«

Der Meister hielt seine Hand über die des Töpfers, die sich spontan öffnete, und wir sahen, wie aus der Hand des Meister langsam eine leicht graue, kristallartige Materie herabrieselte.

»Salz, Isaak ... ich träufele ein wenig Salz auf die Erde der Menschen.«

Die Hände voll von dem gerade erhaltenen Salz, setzte sich der Mann schweigsam auf einen Stein hinter seine Auslage. Sein Blick konnte sich nicht von dem Geschenk frei machen, während unsere Augen vor Begeisterung leuchteten beim Anblick dieses Wunders ...

Schließlich, da niemand mehr auch nur ein Wort sprach, machten wir uns wieder auf den Weg, der hohen Lichtgestalt des Meisters zu folgen, die bereits wieder ihren Weg durch die Gasse aufgenommen hatte. Schnell kamen wir zum Rande des Dorfes, und einige von uns konnten ihre innere Freude kaum verbergen. Der Lärm unserer Stimmen stieg sicherlich bis zum Hause von Myriam empor, denn recht schnell sahen wir sie in ihrem dunklen Kleid hinter einer Steinmauer auftauchen. Genau diesen Augenblick wählte der Meister, um sich uns zuzuwenden und uns mit fester Stimme zu fragen:

»Worüber freut ihr euch, meine Freunde? Über den verlorenen Blick dieses Mannes oder über das, was er in seiner Hand gefunden hat? Ich frage euch, warum hat sich Isaak wohl heute auf unserem Weg befunden? Wegen dieser Handvoll Salz, die mein Vater ihm geschenkt hat, oder wegen dieser Frage, die ich euch stelle? Wahrlich, wer sich an der Verwirrung eines anderen erfreut, sät in sich selbst Verwirrung. Bevor dieser Tag zur Neige geht, werden viele von euch dieses Gefühl kennengelernt haben ...«

Es gab in dem Hof vor Myriams Haus viele Bäume, und der Frühling hatte ihr Blattwerk wunderschön vielfältig eingefärbt. In ein paar Wochen wird die Hitze des Sommers dazukommen, und man wird unter diesen Bäumen den Schatten suchen ...

Myriam stand nicht weit von einem Granatapfelbaum entfernt, der in der Nähe eines Brunnens aus Trockensteinen wuchs. Unter ihrem Arm trug sie ein Bündel Zweige, das sie fallenließ, sobald wir in den Hofraum des Gutes eingetreten waren. Sofort warf sie sich dem Meister zu Füßen und brachte ihm dann einen kleinen Krug Wasser. Wir sprachen kein Wort, waren uns aber der Schönheit dieser einfachen Augenblicke bewußt. Myriam wußte mit ihren Gesten das auszudrücken, was wir vielleicht nicht immer zu sagen vermochten, und unser Schweigen war unsere Antwort und unser Dank an sie, unsere Art und Weise, die Stellung anzuerkennen, die sie im Herzen des Meisters innehatte.

Rasch erschienen zwei Gestalten in der Türöffnung des Hauses – eine wesentlich ältere Frau und ein großer, verträumter Jugendlicher. Sofort erkannten wir Esther, Myriams langjährige Freundin, und Markus[2], Myriams Sohn. Sobald der Meister Markus gesehen hatte, ging er auf ihn zu, denn er war nur selten da, weil sein Onkel Josef[3] ihn zu längeren Studienaufenthalten in die Schulen und Tempel des Landes der Roten Erde[4] schickte.

Markus verbeugte sich seinerseits etwas linkisch vor dem Meister, dann traten wir hinter der alten Esther in das geräumige Haus, gewiß eines der größten Häuser von Migdel. Wir kamen gerne hierher, denn hier lag immer ein sanfter Pflanzenduft in der Luft, ein undefinierbares Parfüm, das allein schon ausreichte, unsere Gemüter zu beruhigen, wenn sie danach verlangten ...

Besonders angetan waren wir von einigen Teppichen, die den gestampften Naturboden bedeckten und die Josef von seinen vielen Reisen im Laufe der Jahre mitgebracht hatte. Das Tageslicht, das durch die wenigen und engen Fenster eindrang, ließ dabei vor allem die Farben Rot und Ocker besonders schön hervortreten. Für die meisten von uns, die noch nie das alte Land Kanaan hatten verlassen können, war dies eine wunderbare Art und Weise, sich andere Horizonte vorzustellen. Und dann gab es noch – und dies war für uns recht bescheidene Leute der Gipfel an Luxus – in einer Ecke des Raumes eine kleine Steintreppe, die zu einem Schlafzimmer führte und auch zu einer Terrasse, auf der wir manchmal in sehr heißen Nächten übernachteten.

Sobald wir, gegen eine Mauer gelehnt, Platz genommen hatten, ließ Myriam einen Korb mit getrockneten Feigen und einen Krug mit kühlem Wasser herumreichen, aus dem jeder trank. Der Meister hatte sich auf einer der Treppenstufen nie-

2 Er wird später in den kanonischen Texten zu »Markus dem Jüngeren«.
3 Josef von Arimathia
4 Ägypten

dergelassen und schaute uns beim Essen zu. Markus stand auf, um einen neuen Krug Wasser zu holen; als er zurückkam, begann der Meister zu sprechen.

»Wir sind dir erneut dankbar, kleine Schwester, für dieses Haus«, wandte er sich zunächst an Myriam, die noch an einen Pfeiler gelehnt war. »Es ist wie eine Grotte, geheim und doch zum Himmelsgewölbe hin offen ... Es ist wie du, Myriam. Stark, voller Geheimnisse, offen und auf alles mögliche hin ausgerichtet ... Auch wenn dir dies ein wenig angst macht, es kündigt bereits die Kommende an ...«

»Die Kommende, Rabbi? Du benutzt diesen Begriff heute zum ersten Mal ...«, antwortete Myriam sofort amüsiert.

»Ja, die, die kommen wird ... Eine der Gestalten meines Vaters, die Kraft, die der Zement eures Herzens ist, des Herzens in euch allen. Die Kraft der Frau, liebe Freunde, das weibliche Feuer.«

Sofort entstand Gemurmel in unserer Gruppe, jeder schaute den anderen an und stellte Fragen bezüglich des Sinns des gerade Gehörten. »Wieso weibliches Feuer?« las man in allen Blicken.

»Erkläre uns das ein bißchen mehr, Rabbi«, meinte Esther und erhob sich dabei. »Lehre uns, wieso das Feuer weiblich sein kann. Nach der Ordnung der Dinge sind seit Beginn dieser Welt die Gottespriester immer Männer. Schau unsere Gesetze an ... Sind sie nicht alle nach diesem Ordnungsprinzip ausgerichtet? ... Und du selbst und auch alle Propheten, ihr habt doch auch einen männlichen Körper?«

Im Halbdunkel sahen wir, wie der Meister amüsiert lächelte. Die Fältchen um seine Augen und die langsame Geste, mit der er liebend gerne seinen kurzen Bart streichelte, gaben ihm diesen fast schelmischen Ausdruck, der nur schwer über seine Absichten hinwegtäuschen konnte ... Unsere Reaktion belustigte ihn, aber wir merkten schon, was sich bei ihm oft hinter diesem amüsierten Ausdruck, manchmal sogar hinter der Provokation verbarg.

»Ja, ich habe den Körper eines Mannes. Auch Elias und

Moses hatten einen männlichen Körper ... aber werde ich, werden sie immer dieses gleiche Gesicht haben? Und ich frage dich, Esther, hat mein Vater das Antlitz eines Mannes? Bist du etwa nur ein von seinem Feuer geformter Schatten? Wenn dies so ist, was machst du dann unter uns? Vielleicht wärst du besser auf deinen Feldern oder bei deinen Schafen?«

Das Gesicht der alten Esther veränderte sich plötzlich, und wir sahen, wie ihre nachtdunkle Silhouette sich auf einen Schlag versteinerte.

»Aber ... Rabbi«, stammelte sie, »du hast mich doch selbst eingeladen ...«

»Meinst du? Ich hätte dich jemals eingeladen? Dein Blick ist eines schönen Tages meinem in Kapernaum begegnet. Erinnerst du dich noch daran? Du hast dich selbst eingeladen! Und diese Esther liebte ich auch und liebe ich auch heute noch. Diese aber, die an sich selbst zweifelt, kenne ich nicht.

Wenn ich von dem weiblichen Feuer spreche, dann meine ich damit diese spezifische Kraft, die in dir ist, die in jeder Frau schlummert und die die meisten noch nicht wahrnehmen können. Horcht einmal auf, liebe Freunde, ... in jeder Frau schlummert eine Frau. Ich möchte euch sagen, daß das Göttliche in ihr sich noch nicht wirklich seiner Kraft bewußt geworden ist. Dies braucht noch etwas Zeit ...«

»Erneut zweimal tausend Jahre, Jeshua?«

Die Frage, die Myriam stellte, löste unmittelbar in unserer Gruppe eine lebhafte Reaktion aus. Den meisten von uns war der Inhalt der Frage egal; zweitausend Jahre oder zehntausend, im Augenblick zählte dies wenig. Was vielmehr schockierte war der familiäre Ton, mit dem sie dem Meister die Frage stellte.

»Was gibt's?« fragte dieser auch sofort mit einer so leisen Stimme zurück, daß wir unweigerlich schwiegen, um ihn zu verstehen. »Hat es in meinen Worten irgend etwas gegeben, das euch dermaßen verwirren konnte?«

»Nein, Rabbi«, warf eine junge Frau ein, deren Schmuck

im Dämmerlicht schillerte, »keines deiner Worte kann uns verwirren. Verzeihe mir ... unsere Schwester Myriam ...«

»Warum? Weil sie das Göttliche in sich sprechen läßt? Schockiert dich das etwa? Myriam hat bereits verstanden, daß das Samenkorn, das sich durch sie ausdrückt, das gleiche ist, das durch mich zu einem Baum wurde. Stammen wir nicht aus der gleichen Familie?[5] Und bist du nicht selbst auch Teil meiner Familie, um die Verwirrung eines jeden so auszudrücken?«

Die junge Frau schlug ihren grauen Schleier auf ihre Haare zurück und sagte kein Wort. Die Augen des Meisters wanderten durch unsere Reihen auf der Suche nach einem Blick, der die Flamme seines Blickes aufnehmen konnte. Wir waren alle in Schweigen gehüllt und schauten gebannt entweder auf die Schulter eines Nachbarn oder auf die Struktur des Teppichs. Wir hatten etwas verurteilt, und jetzt verurteilten wir uns selbst.

»Macht euch von all dem frei! Myriam hat nichts anderes als die Liebe zwischen das Samenkorn und den Baum gestellt. Sie spricht von lieben, während andere nur anbeten können. Im Tempel kann man ein Bild, ein Symbol oder eine Statue verehren; hier lehrt euch mein Vater die Liebe zu einem Feuer, das alle hierarchischen Strukturen verbrennt, ein Feuer, das euch erlaubt, es unter all seinen Gestalten, auch denen, die ihr nicht versteht, aufzunehmen. Vor allem unter diesen letzteren ...

In Wahrheit bringt von Anbeginn der Zeiten das Bewußtsein der Meister das der Sklaven hervor, und das der Sklaven fordert und erneuert das der Meister. Seit ewigen Zeiten schon erstickt der Mann das Bewußtsein der Frau, die das des Mannes bewundert und ernährt. Gibt es da noch irgendwo einen Platz für mich? Meister und Diener bilden in mir eine Einheit. Manchmal ist mein Blick der des Mannes, manchmal der der Frau. Der Geist ist weder männlich noch weiblich,

5 In der Tat ist Myriam von Magdala eine Kusine von Meister Jesus.

und mein Vater ist gleichzeitig, seit Ewigkeit, meine Mutter. Manchmal öffnet meine Mutter ihre Arme und beschenkt, manchmal öffnet mein Vater seinen Mund und bläst seinen Atem der Menschheit ein ... Bald wird meine Mutter ihre Arme ausbreiten ... In zweimal tausend Jahren ... wie du es bereits gespürt hast, Myriam ... und damit ihre Gabe herzlicher aufgenommen wird als heute, spreche ich zu euch und pflege die Samenkörner. Etwas Feuer und etwas Wasser ... und schon schlagt ihr die Augen nieder.

Laßt mich nun ein wenig von der Kommenden erzählen, die ihr offenbar ganz systematisch zu erkennen ablehnt, weil sie es ist, mit deren Hilfe ihr euch zum richtigen Zeitpunkt in Bewegung setzen werdet. Und ich sage euch, daß diese Energie auch das Tor für den Kommenden öffnen wird.

Wenn ihr euch alle gemeinsam auf frühere Zeiten besinnt und darüber ausführlich diskutiert, dann geht es in eurer Erinnerung um Abraham, Jakob, Ezechiel, Moses oder um Elias. Wenn ihr dies tut, habt ihr das Gefühl, über Leute zu reden, die mehr als Menschen waren. Ihr redet von etwas, was Statuen gleicht, die durch Generationen von Doktoren versteinert wurden und die alle den Willen meines Vaters zum Ausdruck brachten. Doch vergeßt nie, daß Abraham ein Mann war, Ezechiel ebenfalls und alle Propheten auch. Jedoch waren sie nicht der Mann an sich. Sie lebten zu einer Zeit, in der nichts darauf schließen ließ, daß der Mann eines Tages die Frau in sich zum Ausdruck kommen lassen könnte. Der Mann hatte ein männliches Herz und war stolz darauf; oft verkannte er die Kraft in sich, aber er verehrte die Macht.«

Ischariot, der in einer Ecke des Raumes saß, ergriff das Wort.

»Bedeutet dies, Rabbi, daß du gegen den Ruf der Propheten bist?«

»Glaubst du wirklich, ich bin hier, um mich gegen wen auch immer zu erheben? Ich spreche nur gegen das Unwissen und gegen die Armut der Seelen, die sich nicht weiterentwickeln wollen und so verdorren. Die Zeit, die verstreicht, ist wie eine Blume, die sich im Unendlichen öffnet. Wenn du sie nicht in diesem Sinne lebst, verharrst du am Rand einer Knospe, die niemals erblüht, sondern vielmehr verkümmert, da sie nie Tau, Wind, Regen und Sonne kennengelernt hat. Jede Form von Leben trägt diese Tugend in sich. Die weibliche Tugend, die das männliche Herz nicht einmal berühren kann, ist wie ein goldener Pfeil, der sein Ziel verfehlt. Und so wird auch die Frau, nach deren Feuer das Bewußtsein des Mannes nicht verlangt, zu einer Waise ihrer eigenen Hälfte. Die Propheten und Patriarchen der früheren Zeiten unseres Volkes hatten keine Mutter, denn sie ließen nicht zu, daß sie sich durch ihre Person ausdrückten ... Aber von heute an wird dies alles ganz anders sein. Und dies nenne ich das weibliche Feuer, das seinen Platz wieder einnehmen muß, und die Frau, die in der ganzen Menschheit erwachen muß.«

»Sprich uns von dieser Kraft ... was ist das genau?« fragte Myriam, die immer noch an ihren Pfeiler angelehnt war.

»Es geht hier um die Kraft, die in der Lage ist, Schönheit und Größe von Schwäche zu unterscheiden. Sie ist es auch, die zur Metamorphose fähig ist, da sie in der Veränderung eine Lebensenergie sieht. Sie ist das flüchtige Prinzip, dank dessen alles sich unmerklich und ohne es zu wollen erhebt.

Ich sage euch, alles wird durch die Frau kommen, wenn meine Worte klar verstanden werden können, und auch dank ihrer werden sich meine geheimen Worte bis ans Ende aller Zeiten überallhin verbreiten. Es gibt in ihr ein Element der Verunsicherung, das aus ihr die ewige Initiatorin macht ...«

»Aber, Rabbi ... die Verunsicherung ist doch der Krieg«, warf erneut Ischariot ein. »Du sprachst doch gerade von einer heilbringenden Kraft voller Frieden ... Ich verstehe nun nichts mehr.«

»Mein lieber Freund Judas, das weibliche Feuer ist ein Feuer, das vieles enthüllt; es zeigt in vollem Licht eine latente Wunde, einen verdeckten Mangel auf. Eine Initiation beginnt stets damit, daß das Unvollkommene in einem jeden ins volle Licht gerückt wird. Weißt du, eine aktive Therapie manifestiert sich zunächst durch den Schmerz der Reinigung. So spricht auch die Verunsicherung nicht von Krieg, sondern von Niederkunft, von Entstehen …

Die Einweihung durch das weibliche Feuer trägt in sich das Gesetz der wahren Umwälzung, denn der Frieden, in dessen Richtung sie schrittweise vorwärtsdrängt, hat nichts mit Rast und Ruhe zu tun. Der Frieden im Sinne eines Waffenstillstandes ist ein männliches Prinzip, ein kriegerisches Prinzip, das den Soldaten auf der Stelle treten läßt. Der Soldat in jedem Mann und in jeder Frau tritt immer auf der Stelle. Und er tritt so den psychischen Boden in sich fest, statt ihn aufzulockern.

Roms bewaffnete Truppen, die ihr gestern noch auf der Straße entlang des Sees marschieren saht, leben in jedem von euch, solange die wahre Frau nicht zum Ausdruck kommt.

Sie hat die Fähigkeit, ein Erdbeben auszulösen, das eure Seele noch braucht, diese sensible Einbildungskraft, die wagt, die Seiten des Lebens zum Umblättern zu bringen.

Nehmen wir einmal deinen Fall, Simon-Petrus … Du folgst mir auf den Wegen dieser Gegend, bleibst aber immer noch Fischer. Noch kannst du dir nichts anderes vorstellen … und auch du, Levi, du hast immer noch keine Ahnung, was du anderes machen könntest, als Geld einzusammeln? Und auch all ihr anderen, ja, du, Moshab, selbst du, Nathanael, ihr könnt euch nur vor eurem Geschäft oder in eurer Werkstatt oder auf euren Feldern vorstellen. Wer von euch, dies frage ich euch, wer von euch hat sich schon einmal ernsthaft vorgestellt, alles aufzugeben und zu verlassen – warum nicht in diesem Augenblick? –, um seine Lebensbahn grundlegend zu verändern?

Die Vorstellungskraft ist eine weibliche Eigenschaft, Schwester der Liebe. Ihr könnt sie euch vorstellen wie ein Wasser, das von den Höhen der Seele sprudelt und verhindert, daß das Herz vertrocknet. Sie ist das Gegengewicht zu dieser Gewohnheit, die aus euch Roms Untertanen macht ...«

»Roms Untertanen?« fuhr Ischariot in die Höhe ... »Aber warum sagst du so etwas, Meister?«

»Ich rede nur von dem einzigen Rom, das es gibt, Bruder ... das in jedem Menschen innewohnende innere Rom. Diese Kraft ist wie eine geschwollene Stelle, die aus einem übertriebenen männlichen Feuer entsteht. Schon seit langem breitet sich diese Schwellung immer weiter über der Erde aus! Ich nenne dies die Energie der Vereinheitlichung und der Routine oder auch die menschliche Ordnung der Dinge und den Rückgang des Bewußtseins. Es handelt sich hier um die Disziplin der Nachtwandler, um das Ritual derjenigen, die nicht aus der Linie heraustreten wollen, die der Vater ihres Vaters gezogen hat. Es ist die Kraft des Wiederholens, die alles Leben organisieren will, vom Anfang bis zum Ende, ohne die geringste Abweichung, die vielleicht den Eindruck eines Fehlschrittes vermitteln könnte. Und so frage ich euch, wie viele von euch können in diesem Augenblick alles aufgeben, um mir zu folgen?«

Im Halbschatten von Myriams Haus legte sich ein dumpfes Schweigen über uns. Fast unmerklich war durch das winzig kleine Fenster unseres Raumes ein Sonnenstrahl hereingedrungen und hatte das Gesicht des Meisters gestreichelt. Er spielte im Gold seiner langen Haare und verstärkte damit den eindringlichen Glanz seines Blickes.

»Du weißt doch genau, wer dazu in der Lage ist, Rabbi ...«, meinte schließlich jemand aus unserer Gruppe leise.

»Ich weiß, wer dazu ... in diesem Leben ... fähig ist ... Aber wenn meine Worte erst morgen Blüten tragen, so ist meine Frage doch für das Jetzt. Wahrlich, nur wenige unter euch könnten in diesem Augenblick mit mir aufbrechen, um einen anderen Lebensweg einzuschlagen ... weil das Feuer, das in mir lodert und das schneidet, trennt und reformiert, ein weibliches Feuer ist.

Auch Myriam, deren Haus uns heute offen steht, auch sie

kennt die Geheimnisse dieses Feuers. Bevor sie sich noch meinen Worten geöffnet hatte, kannte sie bereits seine Inhalte und hatte die Zügel ihres Lebens in die Hand genommen. Jeder weiß, was man in dieser Gegend über sie erzählt, und gerade deswegen ist sie mir so lieb. Sie hat die Kette des Verbotenen durchbrechen können, indem sie die Ordnung der Dinge in Frage gestellt hat.

Die Paria des etablierten Denkens und alle noch schlummernden Rebellen gehören zu meiner Familie. Aber schildere uns, Myriam, einmal deinen Weg, denn nur wenige unter denen, die heute hier sind, wären von sich aus in dein Haus gekommen. Der Wille meines Vaters ist der, daß jeder lerne und einen Teil der Nahrung von dort nehme, wo sie im Überfluß gedeiht.«

Myriam verließ ihren Pfeiler und setzte sich langsam auf den Boden, wobei sie sich offensichtlich aufgrund des plötzlichen Interesses, das man ihr entgegenbrachte, ein wenig genierte.

Ihr schönes und junges Gesicht trug bereits die Spuren dieser Frauen, die das Leben in einen Existenzkampf verwickelt hatte. In einem Anflug von Schüchternheit, die wir an ihr kaum kannten, zog sie ihren Schleier aus blauem Leinen über den Kopf und begann nach einem Augenblick der Stille zu erzählen ... Ihre Stimme war kräftig und warm und rief in einigen von uns eine starke Emotion hervor.

»Rabbi ... ich weiß nicht, was mein Leben andere lehren kann, aber ich weiß, was es mich gelehrt hat. Wie soll ich dies erklären?

Ich habe einen Großteil meiner Kindheit und auch meiner Jugend damit verbracht, die Heilkräuter zu studieren. Die Brüder in Weiß[6] haben mir hierfür stets viel Zeit geopfert. Ich lernte so die Eigenschaften der Pflanzen und ihren Duft kennen; ich sah, mit welchen Ölen man sie vereinen konnte und wie der Körper hierauf reagierte. Schnell habe ich verstan-

6 Es handelt sich hier um die Essener Bruderschaft.

den, daß mir deswegen einige Leute auf der Straße aus dem Weg gingen und sich vor mir in acht nahmen. Offenbar ist man stets ein bißchen Magier, wenn man die Seele der Pflanze erforscht und gleichzeitig ständig mit den Männern in den weißen Gewändern und mit den langen Haaren gesehen wird. Ich habe mich damit abgefunden ... Mein Onkel ermutigte mich hierzu ... und ich dachte, daß mein Lebensweg klar vorgezeichnet war.

Dann traf ich, als ich gerade sechzehn war, Saul[7]. Er war reich, stolz, verführerisch ... Die Hochzeit war ein Traum aus Liebe und versprach, mir andere Tore zu öffnen als die meiner Pflanzen. Saul machte sich über meine Kenntnisse lustig, aber was hätte ich nicht alles gegeben, um an seiner Seite zu sein! Und so kam Markus auf die Welt. Nicht in diesem Haus hier, sondern in Tiberias am See Genezareth, wo wir damals wegen Sauls Beschäftigung lebten. Denn obwohl er aus unserem Volke stammte, war er römischer Bürger ...

Leider merkte ich dann allzu schnell, daß mein Gatte nicht nur gerne redete, sondern noch lieber Wein trank. Ich suchte also Zuflucht bei meinen Ölen und bei Markus, der langsam größer wurde. Dann ... begann Saul mich zu schlagen, und es kam der Tag, wo ich das tat, was keine Frau tut: ich nahm meinen Sohn Markus und verließ Tiberias, um mich hier in dieses Haus zu flüchten, das meinen Eltern gehört hatte und in dem Esther immer noch lebte.

Und hier begann nun alles erst recht für mich! Was konnte schon eine Frau sein, die mit einem Kind ankam, offenbar reicher als die meisten Leute hier war und von der der Ruf ausging, sie habe ihren Mann verlassen? Was konnte sie schon anderes sein als eine Frau mit unsolidem Lebenswandel? Der Meister hat dies gerade gesagt ... Es gibt Dinge, die man besser nicht tut ... Es gibt Sachen, die man besser sein läßt, wenn man sich die Logik Roms auf die Seele gebunden hat. In einem solchen Fall ist es stets besser, zu leiden, zu er-

7 Saul von Tarse

sticken, ja sogar zu sterben, als aus der Reihe zu tanzen ... Die Logik Roms ist auch zweifelsohne die gleiche wie die unserer Patriarchen! Sie schreibt eine Haltung vor, die weder Wagnis noch Furchtlosigkeit erlaubt.

Indem ich mich mit meinem Sohn Markus in diesem Haus hier niederließ, habe ich die Unterwerfung unter diesen Einfluß abgelehnt. Hier in diesen Räumen, in denen wir uns befinden, hat das Leben mich wirklich in seinen wahren Wert eingeweiht, in meinen wahren Wert vielleicht auch. Es hat mich gezwungen, die Kraft der Freiheit, die stets in mir lebendig war, nicht abzuwürgen. Ohne diesen ... heiligen Willen zur Unabhängigkeit hätte ich gewiß niemals die Worte des Meisters vernehmen können, wie ich dies heute tue ... und gewiß wäre dieses Haus auch nicht das seine und das eure! An diesem Ort bereite ich weiterhin meine Kräuter und meine Öle zu, heile ich weiterhin diejenigen, die an meine Tür klopfen, und habe stets ein offenes Haus für die Brüder in Weiß – was man über mich erzählt, verletzt mich nicht mehr.«

»Aber wie hast du es geschafft, daß dies nicht mehr verletzt?« fragte hastig Simon-Petrus, auf dessen Stirn sich im Laufe der Erzählung immer tiefere Falten eingegraben hatten.

»Was ich getan habe? Nichts habe ich getan ... Ich habe mich damit begnügt, auf das zu hören, was in meinem Innersten war, und ich habe ihm vertraut. Ich habe mich gefragt, welches Bild zutreffend ist: jenes, das ich von mir vermittelte, dasjenige, das ich von mir selbst hatte, oder das, welches ich in aller Wahrheit in meinem tiefsten Inneren erspürte. Indem ich zum Ewigen betete, habe ich schnell verstanden, daß nur mein wahres Sein von Bedeutung sein konnte ... aber gleichzeitig wurde mir klar, wie wenig ich über mich selbst wußte und daß es nur einen einzigen Weg zum besseren Erfassen meines Selbst gab, nämlich dieses Innerste von mir sprechen zu lassen, ohne mich weiter um die beiden anderen Bilder meines Ich zu kümmern.

Ich habe dabei, dies muß ich zugeben, ein wenig Stolz verspürt. Ich wollte alles in Angriff nehmen, allem trotzen, weil ich mich besser, wahrer dünkte. Ich hatte in mir diese Kraft der Unabhängigkeit und die notwendige Beharrlichkeit, aber es fehlte mir diese Art von Liebe, die alles befriedet und die unser Rabbi in mir geweckt hat, als der richtige Zeitpunkt gekommen war.

Ich verstehe sehr wohl, daß diese Liebe erst im Entstehen ist, aber ich lasse sie sich entwickeln und größer werden, indem ich immer weniger Hindernisse aufbaue ... Ich akzeptiere, daß all meine Ängste aufbrechen, da ich weiß, daß ich nichts fürchten muß, solange ich in diesem Teil meines Ich bleibe, der allein authentisch ist und den nichts und niemand beschmutzen oder auch nur verletzen kann. Was soll's, wenn man auf dem Dorfplatz oder an den Seeufern weiterhin mit dem Finger auf mich zeigt; was soll's, wenn ich höre, wie die Priester manchmal fordern, daß man einen weiten Bogen um mein Haus macht. Ich habe einfach akzeptiert, ein Ferment sein zu können, das sich an das Ferment in einem anderen richtet.

Wie ihr wißt, sehe ich schon seit langem Saul kaum noch, aber man hat mir oft berichtet, daß ich für ihn eine Feindin bin. Während vieler Jahre hat dieser Gedanke mich gequält, denn er ist und war niemals mein Feind ... Er war mein Gegner, was nicht dasselbe ist ... Heute kann ich euch versichern, daß es in meiner Seele nicht einmal mehr dieses Gefühl von Gegnerschaft gibt ... Die Härte, die sich in Saul manifestierte, erlaubt mir heute, diese Sonne zu empfangen ... und an eurer Seite zu sein.

Wenn das weibliche Feuer sich auf diese Art und Weise manifestiert, Jeshua, ja, dann verstehe ich diese wunderbare Kraft der Rebellion, von der du so oft sprichst und die ich allen wünsche!«

»Ich lebe nun schon seit Jahren bei dir, Myriam, aber das Wort Rebellion in deinem Mund stört mich immer noch. Wie kannst du von Rebellion reden, während der Rabbi ... und auch du ... immer nur die Liebe wollten.«

Die alte Esther hatte diese Worte mit einer gewissen Traurigkeit in der Stimme ausgesprochen, so als könne sie etwas nicht recht erfassen und als sei ihre Seele sehr müde.

Schweigend hörte der Meister dieser Diskussion zu. In seinem weiten weißen Gewand, immer noch unbeweglich auf den Treppenstufen, schien er fast außerhalb dieser Welt zu sein. Aber er hörte uns genau, wenn auch fast amüsiert, zu; er beobachtete uns alle gleichzeitig und umgab uns mit seiner Zuneigung.

»...Wenn ich von Rebellion spreche, Esther«, antwortete Myriam und richtete sich dabei auf, »dann meine ich nicht Gewalt. Ich rede von sanfter Rebellion, das heißt von Widerstand gegen alles, was die Liebe einschließen will in Mauern aus Meinungen und Ideen.«

»Du kannst ruhig von Gewalt sprechen«, unterbrach schließlich der Meister, »die Gewalt ist eine energetische Manifestation des Lebens. Sie ist eine Art heiliger Wutausdruck der Lebensenergie. Wenn euch dies schockiert, wie ich es euch, liebe Freunde, am Gesichtsausdruck ansehe, dann nur, weil ihr Gewalt mit Brutalität verwechselt. Wenn ein Mann einen anderen mit einem Schwert niederschlägt, dann nenne ich dies Brutalität oder sogar Bestialität. Aber auch, wenn ein Wort aus einem Mund kommt oder eine Idee ausgedrückt wird, mit dem festen Willen, jemanden zu verletzen, dann sind dies ganz klar Ausdrucksformen von Brutalität ... denn sie werden genährt von der Nicht-Liebe.

Die Gewalt ... ist der feste und energische Widerstand gegen jede Form von Versteinerung von Lebensenergie. Eine Eigenschaft meines Vaters will, daß alles sich bewegt, daß alles in ewiger Bewegung ist. Diese Form von Gewalt ist die natürliche, wünschenswerte und glückliche Aktion der Pflugschar, die die Erde umpflügt. Oft ist es eine Art von Prüfung, aber vornehmlich ist es, ich sage euch, eine Form von Nicht-Schlaf, von Wachsamkeit. Vielleicht ist die Gewalt die notwendige Unbequemlichkeit zum Erwecken dessen, der in euch kommen wird. Versteht ihr das? Sie ist niemals der Schock, den man dem Körper zufügt, sondern ein notwendiges Aufrütteln des Bewußtseins, das einzuschlafen droht ... Denn selbst im Herzen dessen, was man das Gute nennt, kommt es vor, daß man mal einschläft. Deswegen muß die Wachsamkeit, liebe Freunde, ganz solide an die Fersen derer geheftet sein, die diesen Pilgerweg bewußt gehen wollen.

Vielleicht erinnert ihr euch, daß ich euch neulich am Eingang der Synagoge gesagt habe ›Ich bin das Schwert‹. Dies bedeutete – aber vielleicht habt ihr es nicht so verstanden – ›Ich bin Gewalt‹. Ich bin Gewalt in dem Sinne, daß ich alles aufrüttele, was keine richtige und solide Basis hat. Ich bin Gewalt, weil ich die Seele nicht ruhen lasse und weil die Frau in mir, die göttliche Mutter, unaufhörlich die Bewegung auslöst und diese dem ganzen Universum aufdrückt. Mein Herz ist eine Matrix, auf der euer Bewußtsein an Größe gewinnt.

Die Frauen glauben nur allzuoft, daß sie nur Körper auf die Welt bringen und daß sich dann Seelen auf diesen Körpern festsetzen. Glaubt dies auf keinen Fall! Seit Ewigkeit sind Frauen Gebärerinnen und Ernährerinnen von ganz anderen Dingen. Sie sind vor allem diejenigen, die die Erkenntnis entwickeln. Das Prinzip der Frau hat die Rolle, die Kette aller Routinen zu durchbrechen. Es spricht von der heiligen, imaginativen Neugierde, die so einen Rahmen zur ständigen Expansion des Bewußtseins der Menschheit bildet. Und da liegt auch die wahre Rolle der Gebärerin. Sie ernährt ›etwas anderes‹ und ›anders‹, und das Leben braucht dies, um sein Werk vollbringen zu können.

Deswegen sage ich euch, muß die Frau die Frau in sich sehen und muß der Mann die Frau in sich akzeptieren. Das Erwachen dieser Welt erfordert eine solche Mutation! Das weibliche Feuer ist ein Erdfeuer, und wenn es Luft braucht, kommt diese vom Himmel; das Umgekehrte kann nicht der Fall sein. Alle die, die lesen können, sehen, daß Himmel und Erde sich gegenseitig bedingen, daß sie nicht unabhängig voneinander existieren können. Wenn die Männer endlich diese Lehre akzeptieren und wenn die Frau nicht mehr fürchtet, ihre Rolle aufzudecken ... dann kann diese Welt in eine Phase tiefgehender Metamorphose eintreten.«

Am Nachmittag verließen wir Myriams Haus. Die Sonne stand hinter einem dünnen Dunstschleier, und Migdel selbst schien zu schlafen. Der kleine Marktplatz und die engen Straßen, die hinunterführten, waren wie ausgestorben. Nur zwei mit Reisig beladene Esel standen wartend unter einem schönen Mandelbaum. Als wir oben auf der Treppe ankamen, die zum Hügel führt, belebte ein leichter Rauch von verbranntem Holz angenehm die Luft.

Einer aus unserer Gruppe besaß eine Schäferei an den Hängen des Gebirges, und wir gedachten, dort die Nacht zu verbringen. Als wir auf der Höhe einer Dornenhecke ankamen, die den Weg fast versperrte, zeigte der Meister mit seiner Hand in die Ferne auf das terrassenförmige Dach von Myriams Haus. Ganz deutlich sah man den riesigen Lorbeerbaum, der mit seinen rosa Blüten das Weiße der Steine angenehm auflockerte.

»Seht«, sagte er, »behaltet wohl in eurem Gedächtnis dieses Haus mit seinen Ölen. Das Bewußtsein Myriams wird sich eines Tages über die ganze Welt verbreiten. Es wird wie Öl sein; es wird eindringen in die Tiefen der Körper und Herzen, um dort seine feinstofflichen Eigenschaften zu verbreiten. Bittet meinen Vater darum, dann anwesend zu sein, denn, ich sage euch, hier wird erneut sein Wort ertönen.

Viertes Kapitel

Das Myriam-Prinzip

In diesem Raum, den nur das Herz weben kann, wie man einen Kokon webt, erhob sich erneut die Stimme, die kein Alter hat. Sie wirft ihr Licht auf dieses seit langem angekündigte »Jetzt« und erlaubt den Seelen keinen routinemäßigen Schlaf mehr.

»Der Schlaf der Seele«, läßt sie sich vernehmen, »breitet seinen Schatten auf alle aus, die nichts einsehen wollen ... und Einsicht bedeutet, daß die Erde sich um sich selbst dreht, gefangen in die Spinnennetze eines überalterten Funktionierens. Dies ist nichts anderes als das binäre und vereinfachte Funktionieren einiger ewiger Herrscherpatriarchen, wahrhaftiger Dinosaurier des Bewußtseins.

Damit möchte ich dir, lieber Freund, nur sagen, daß das Räderwerk eures Denkens und eurer Seinsweise einfach abgenutzt ist. Seine Konzeption geht auf eine Zeit zurück, in der das Leben euch noch erlauben konnte, nicht weiter zu sehen als die ›Tragweite eines Ego‹ ... Aber die Zeiten ändern sich wie ein Körper, der wächst, und wenn ihr euch nicht mit ihnen bewegt, werdet auch ihr Anhänger des Kultes des ›Reptiliengehirns‹.

Gewiß findet ihr meine Worte etwas kriegerisch, aber sie entsprechen genau der Gewalt, die euer Wesen braucht, um zu reagieren. Ihr braucht nicht nur Zärtlichkeit, oder?

Wenn ich von eurer Welt spreche, so meine ich damit sowohl eure Innenwelt als auch dieses äußere ›Universum‹, von dem ihr meistens behauptet, dessen ohnmächtige Opfer zu sein. Dies hängt zum größten Teil damit zusammen, daß ihr euch täglich, egal ob Mann oder Frau, auf eine ›männliche‹ Art und Weise aufführt. Ich möchte damit sagen, daß die männlichen Tugenden oder die, die als solche angesehen werden, in euch dominieren und euch ohne euer Wissen blind werden lassen.

Was geschieht eurer Meinung nach, wenn nur eines eurer beiden Augen funktioniert? Ihr verliert jede räumliche Wahrnehmung; der Eindruck von Bildtiefe verschwindet. Auf dem Ozean eures Bewußtseins ist dies ganz ähnlich ... Wenn ihr unaufhörlich an der linken Reling eures Bootes lehnt, wird es sein Gleichgewicht verlieren. Damit möchte ich mich nicht nur auf das berühmte rechte und linke Gehirn beziehen, sondern auch auf eure Art und Weise, jedes dieser Zentren zu benutzen.

Denn in der Tat, sobald ihr euch dieser Polarität bewußt werdet, tut ihr dies auf eine ganz und gar männliche Art; ihr ordnet weiter ein, legt Register an, klassifiziert, also ihr stellt weiterhin Schranken auf und bleibt stets duale Wesen, auch wenn ihr laut die Schönheit des Gleichgewichts der Kräfte proklamiert ... Höchste List des menschlichen Hirns, das sich in seinem eigenen Spiel verfängt. So zügelt weiterhin das männliche Feuer das weibliche Feuer, und das weibliche Feuer akzeptiert ein bißchen mehr, absorbiert zu werden. In der Tat wäre es richtiger zu sagen, daß das Männliche versucht etwas männlicher zu sein und daß das Weibliche die Tugenden des Männlichen sucht.

Die angekündigte Zeit ist verstrichen, seit der Meister Jesus das erneuernde Auftauchen des Prinzips der göttlichen Mutter auf dieser Erde erwähnt hat ... und jeder kann heute feststellen, in welchem Maße die Frauen auf allen Plätzen dieser Welt versuchen, die Rolle und den Rang einzunehmen, der ihnen zusteht. Aber welches ist genau dieser Rang? Absolut gesehen ist er weit von all den ›Feminismen‹ entfernt, die dieses Jahrhundert entstehen sah!

In Wirklichkeit hat sich hier erneut das männliche Prinzip ausgedrückt. Es brauchte nur die Maske zu wechseln und die Stimme gewisser Frauen zu übernehmen. Will eine Frau sich die Eigenschaften eines Mannes zu eigen machen, dann identifiziert sie sich mit dem Armen, der unter Vorgabe von Gleichheitsidealen nur davon träumt, die Privilegien des Reichen zu erlangen. Keine Macht, die versucht, den Platz eines anderen einzunehmen, und sich dabei auf analoge Mechanismen stützt, ist jemals an ihrem rechten Platz. Sie ist nur ein Faksimile der vorhergehenden ... Deswegen ist auch die Geschichte der Menschheit bis heute nichts anderes als eine Folge von Macht- und Beherrschungsmodellen, die sich gegenseitig nachahmen und kopieren.

Daran ändert auch die Tatsache nichts, daß eure Menschheit von Diktaturen zu Monarchien und dann zu Republiken segelt, denn der Wind, der ihre Segel bläht, spricht nur von Kräfteverhältnissen. Der unaufhörliche Kampf, den sich eure Seelen liefern, indem sie vom Beherrschenden zum Beherrschten übergehen, ist wie ein Stottern, wovon ihr loskommen müßt. Das weibliche Feuer, das heute auftaucht, hat zur Aufgabe, diesem Kampf ein Ende zu bereiten. Es soll den Mann und die Frau in dieser Welt neu erfinden, ich meine damit, sie soll ein anderes Bild, ein christlicheres im universalen Sinn des Wortes, entwickeln.

Ja, das Feuer des Wassermanns ist weiblich ... aber nichts an ihm ist sanft und zuckersüß, denn es wird konsequent mit der Vergangenheit Schluß machen, indem es neue Lebensmodelle ausweist. Alle, die heute bereit sind, ihren Baum der Gewohnheiten kräftig zu schütteln, sind Brüder und Schwestern von Myriam von Magdala. Sie erweisen sich als weiblich im destabilisierenden, aber konstruktiven Sinn des Wortes. Ihre Mission gegenüber den Verbindungen, die das Leben schafft, ist die der Wiedervereinigung, und in diesem Sinne ist sie auch destabilisierend und provozierend.

Liebe und Einheit herzustellen bedeutet in der Tat eine totale Provokation gegenüber dieser Welt, denn Schaffen besagt, nicht darüber zu reden ... Schaffen hat zunächst die Bedeutung, sich etwas vorzustellen, von einem ›Warum nicht‹ zum nächsten zu gehen, von einer ›Utopie‹ zur anderen. Und deswegen ist das weibliche Feuer seit ewigen Zeiten häretisch. Das Ketzertum streckt die Hand nach euch aus, nicht etwa gestern, sondern heute sogar, sobald ihr nicht damit zufrieden seid, zu den ›Fotokopierern‹ auf dieser Erde zu zählen.

Deswegen suggeriert auch das weibliche Feuer des Wassermannzeitalters eine neue Definition von Spiritualität. Diese ist so offen wie nur möglich, ganz Luft und Wasser und doch wunderbar inkarniert auf der Erde. Sie hat zur Aufgabe, alle Aspekte der Existenz in sich zu versöhnen, damit so endlich das Leben erscheinen kann. Es handelt sich hier um eine Spiritualität des Bruchs und der Kommunion. Wie dies möglich sein kann? Der Bruch betrifft die Konventionen, Dogmen und ihre Verankerungen im Denken; die Kommunion meint das Wiederentdecken einer ungekünstelten Liebe und eines Teil-Habens ohne Feilschen. Seht, in bezug auf Liebe und Licht bedeutet das Ketzertum nichts anderes, als man selbst zu sein, ohne etwas zu verbergen, mit sich selbst und den anderen im reinen zu sein ohne jeden Abstrich.

Das Myriam-Prinzip wohnt also in euch, sobald ihr euch entschließt, zu denen zu zählen, die bereit sind, die Welt in sich zu reformieren! Ich meine nicht damit, zu den Doktoren der schönen Worte zählen zu wollen, sondern zu denen, die keine Angst vor der Verantwortung haben.

Alle Ebenen eurer Gesellschaft einschließlich der religiösen Schichten sind Spezialisten leerer Worte. Das Myriam-Prinzip seinerseits ähnelt einer Feuersprache, die ein Bedürfnis nach Authentizität offenbart.

Wenn ihr spürt, wie die Nicht-Konvention langsam in euch aktiv wird, wenn ihr bemerkt, daß Mut und Kühnheit eure Seele erfassen, wenn ihr seht, daß die soziale Hypnose keine Wirkung mehr auf euch hat, während ihr nach Mitgefühl und zärtlichem Verstehen strebt, dann ist euch das weibliche Feuer der Myriam von Migdel bereits vertraut. Was will dieses Feuer? Es will, daß ihr das wagt, was ihr niemals bis jetzt gewagt habt, daß ihr zu einem Treibmittel werdet. Hierzu braucht ihr nicht eure eigene Vollkommenheit abzuwarten. Ein solches Warten ist nur ein Vorwand, es ist eher ein Ausdruck von Stolz und Trägheit als eine Manifestation von Liebe.

Heute muß jede Frau die Erneuererrolle verwirklichen, die ihr zusteht. Nur sie oder ihr Prinzip, das im Mann lebendig ist, kann es in der Tat wagen, die Seite umzuschlagen.

Wißt ihr, daß sich jede Nacht Millionen von Frauen in kleinen Gruppen im Licht außerhalb ihres physischen Körpers im Land ihres Bewußtseins zusammenfinden? Sie treffen sich nicht als Reaktion gegen die Männer, noch um ihren Unterschied oder ihre Art und Weise, die Welt zu erträumen, zu unterstreichen ... Denn es handelt sich hier keineswegs um ein Komplott. Sie versammeln sich lediglich, um zu erbauen, um dort die Metamorphose einzuleiten, wo Unbeweglichkeit vorherrscht. Ihr Verständnis der heiligen Mechanik hat ihnen aufgezeigt, daß man niemals *gegen* etwas kämpfen, sondern sich vielmehr stets *für* etwas einsetzen muß. So ist das ewige Räderwerk der Kräftespiele außer Betrieb, und der Schatten der Kampfesenergie kann sich nicht mehr weiter ausbreiten.

Ich sprach davon, daß man die Welt erträumt ... und genau darum handelt es sich bei den nächtlichen Begegnungen der Seelen.

Die ›männliche‹ Art und Weise, seine Existenz zu führen, hat seit je den Traum daraus verbannt, denn sie sieht darin einen Widerspruch zur Realität des Alltags. Aber ist diese nicht gerade das Produkt eines Traumes? Jeder von euch lebt die Projektion seiner Weltsicht, sich selbst ausnehmend. Wenn ihr klein denkt, baut ihr auch klein. So habt ihr allerdings auch eure Welt errichtet; ihr habt sie euch erträumt in den Grenzen eurer Liebesfähigkeit ... Denn die Liebe ist die heilige Vorstellungskraft, der göttliche Traum.

Versteht dies bitte richtig ... Das Ziel des weiblichen Feuers ist es nicht, das männliche zu überlagern. Es geht ihm vielmehr um eine Hilfe bei der Umwandlung der ›männlichen‹ Art und Weise, das Universum zu lenken und zu leiten.

Der Traum ist die einzige echte Wirklichkeit ... Denkt einmal darüber nach, denn dies geht über den durchschnittlichen Menschenverstand hinaus. Gott – oder das, was ihr Gott nennt – ist der erste Träumer. Wir bewegen uns in seinem Traum, um selbst das Träumen zu erlernen, das heißt, um von uns eine noch schönere, noch lichtvollere Vorstellung zu haben ... und uns so zu verwirklichen.

»Ich weiß, Freunde ... all dies scheint im Gegensatz zu dem zu stehen, was die großen Lehren des Abendlandes verbreiten. Es scheint ... Nur ... geht es hier nicht um den traditionellen Aspekt der Frage. Absolut gesehen steht ihr über dem Traum. Euer Zuhause ist in diesem unendlichen Raum, viel höher als die Sphären, dort, wo die Göttlichkeit ist ... aber trotzdem ist der Traum etwas Heiliges, denn er ist das göttliche Instrument, mittels dessen die Schöpfung erst möglich war und auch vollbracht wurde. So wird aus dem vermeintlichen Hindernis ein Mittel zur Transformation, sobald man sich seinem Wesen außerhalb vorgefertigter Denkmuster nähert.

Das weibliche Feuer besteht zu einem großen Teil aus Träumen, weil es Wagnis bedeutet, und ohne etwas zu wagen, kann man keinen Fortschritt machen. Ein Wagnis ist es zum Beispiel, sich vorzustellen, eine Gesellschaft könne ohne ein Geldsystem oder ohne eine Militär- oder Polizeiorganisation auskommen. Ein Wagnis ist es auch, den Gedanken zu äußern, Christus habe das Christentum gar nicht gewollt, Buddha nicht den Buddhismus und Mohammed nicht den Islam. Um das ›Innere Programm‹ zu verändern, bedarf es der Utopie oder der Häresie. Diese Idee mißfällt euch? Dies zeigt, wie gut ihr programmiert seid. Ihr habt euch selbst ein Funktionsprogramm einverleibt, das euch für andere Programme empfänglich macht ... und diese Programme, wenn wir die Überlegung nun etwas weiter treiben, unterdrücken in euch das Bewußtsein eurer ursprünglichen Selbstprogrammierung. Dies ist genau das, was in Babylon geschah ... unter Robotern. Eure Evolution und euer Glück haben etwas mit Einbildungskraft und mit Willen zu tun – beides Attribute der Liebeskraft.

Jeder Blick, den ihr auf das Universum werft, verrät also die Frau, die Mutter, die Gattin, die Matrix ... denn nicht nur euer kleines Gesellschaftsfeld ist davon betroffen, sondern die Welt in ihrer Gesamtheit, genauso, wie man in einem Garten nicht einen Baum fällen kann, ohne das gesamte Gleichgewicht der Anlage in Frage zu stellen.

Das weibliche Feuer löst nun eine Deprogrammierung aus, die sich bis ins Herz eurer Zellen spüren läßt, wenn ihr ihm die Tür öffnet. Ich möchte damit sagen, daß das Problem der dualen Reflexe, die das Leiden auslösen, schon seit langem ebenfalls ein genetisches Problem geworden ist. Die Ängste, das Bedürfnis nach dominierender Macht und die Bestialität lesen sich in eure DNS ein. Im Laufe der Jahre sind diese Elemente euren Genen eingeschrieben worden, und dies erklärt auch teilweise eure Schwierigkeit, auf das Versinken eurer Welt zu reagieren. Deswegen seid ihr schon seit langer Zeit angesichts ihrer Eitelkeit und Absurdität so energielos.

Ich muß euch auch sagen, daß eure Erde nicht der einzige Ort ist, an dem es Wesen mit menschlicher Form und Intelligenz gibt. Diejenigen, die das Gegenteil behaupten, sind die gleichen, die in früheren Jahrhunderten Seefahrer verbrannt hätten, wenn sie behauptet hätten, es gäbe andere Kontinente jenseits der Ozeane. Es sind die Männer, von denen ich bereits sprach. Fotokopierer antiker Schemen ... Aber unter ihnen sind natürlich auch Frauen, ganz klar!

Ich möchte euch auch sagen, daß dieses genetische Problem, von dem ich gerade gesprochen habe, einer der Gründe ist, warum regelmäßig gewisse ›Intelligenzen von anderswo‹ eure Welt besuchen.

Die Bibel und Hunderte anderer Traditionen aus allen Teilen der Welt berichten immer wieder von regelmäßigen Einfällen dieser ›Engel‹ oder dieser ›Elohim‹, die die ›Töchter der Menschen‹ besuchen kommen. Heute geschieht dies allerdings auf eine andere, auf eine subtilere Art, aber das Ziel bleibt stets das gleiche, denn die Menschheit sinkt immer tiefer, während sie einen unvermeidlichen und schwierigen Wechsel anstrebt. Die Verschmutzung der Gedanken in der Sphäre des Erdenlebens hat in der Tat dazu geführt, daß der genetische Code des dort lebenden Menschen auch verschmutzt ist. Dies alles ist nun keineswegs das Szenario eines schlechten Films, sondern ein Aspekt der Wirklichkeit, an der ihr teilhabt, solange ihr euer Leben nicht selbst in die Hand nehmt.

Das Myriam-Prinzip wird bis zu seiner nächsten Inkarnation zweitausend Jahre gebraucht haben. Heute ist dies nun geschehen, auch wenn es für die meisten von euch noch winzig und klein bleibt.

Die ›christliche‹ Lehre von der ›Wiederauferstehung des Fleisches‹ ist eine schlecht verstandene und verformte Anspielung auf die Notwendigkeit, die Gesetze menschlichen Funktionierens auf Erden zu verändern. Die Welt von Shambhalla, die früher unter anderem die Philosophie der Essener hervorbrachte, stellt ein perfektes Modell dar, so wie jeder, der in seinem Körper und seiner Seele frei von dieser Art von Verschmutzung ist, Zugang zum Aufstieg haben kann. Das weibliche Feuer, das ich euch verkünde, führt automatisch zu dieser Welt. Denn dieses Shambhalla ist nichts anderes als das himmlische Jerusalem der abendländischen Tradition, das absolute Symbol dessen, was euch am Ende des Wagnisses erwartet.

Versteht bitte, daß das Prinzip, das Myriam von Migdel und ihre Essener Freunde verkörpern, euch nicht dazu verleiten möchte, euch zur Vergangenheit hin zu orientieren. Im Gegenteil, es lädt euch ein, vollkommen in dem Hier und Jetzt zu sein und mit all dem Schluß zu machen, was die

Materie und das Bewußtsein unnötig belastet. Sobald man euch sagt, etwas sei unmöglich, stellt euch dies als durchaus realisierbar vor. Erforscht all die ›Warum nicht‹ dieser Welt. Nur so könnt ihr den Mechanismus des Myriam-Prinzips auslösen, indem ihr über die Programmierung der vergangenen Generationen hinausgeht.

Die Essener Brüder, die so sehr das Denken und Handeln einer Myriam von Migdel genährt und gefördert haben, brachten damit einen guten Teil des weiblichen Feuers zum Ausdruck. Viele davon sind heute wieder auf dieser Welt, wenn auch überall verstreut. Sie bilden allerdings keine Elite, denn dieser Begriff ist, absolut gesehen, ohne Bedeutung. Sie bilden vielmehr ein unsichtbares Treibmittel unter anderen Treibmitteln aus anderen Backstuben. Ihr Ideal und ihr Engagement sind ständige Quellen einer mächtigen Energie, einer kollektiven Gedankenform, die man einen Egregor nennt. Diese Kraft verbindet und vereint sie auf den feinstofflichen Ebenen in einem ›Kollegium‹, selbst wenn sie sich auf physischer Ebene kaum treffen. Jeder kann mit diesem Egregor Verbindung aufnehmen, wenn er in seinem Inneren den Ruf dazu vernimmt. Aber aufgepaßt ... im Inneren seines Ich einen Ruf zu vernehmen, bedeutet noch nicht, sich ›berufen‹ zu fühlen im ichbezogenen Sinne des Wortes. Der Begriff des ›Auserwählten‹ ist ein Un-Sinn an sich.

Achtet darauf, daß ihr nicht zu den zahlreichen ›selbstlosen Dienern‹ zählt, die lautstark ihre Bescheidenheit, ihren ›Essenismus‹ und ihren ›Katharismus‹ von ehedem unterstreichen. Das weibliche Feuer ist wirklich unterirdisch. Wenn es sich offen zeigen sollte, dann nur, um die Erinnerungen ein wenig aufzufrischen oder um in einem anderen, offeneren Ton die Liebe zu besingen. Ich sage euch – versucht, euch auf diesen Egregor einzuschwingen. Habt keine Angst davor, auch wenn euch dies in einen Bereich großer Veränderungen stürzt. Das Erdbeben ist für unsere Erde unausweichlich. Wenn ihr es bereits jetzt zu euch einladet, indem ihr einen reineren Blick für alles zu haben sucht, ein liebevolleres und nicht-dualistisches Verstehen, dann seid ihr, wenn diese Umwälzungen offen eure Gesellschaft erreichen werden, wesentlich weniger betroffen. Laßt euch also von der Welle emportragen, leistet keinen Widerstand. Ihr Vor- und Zurückrollen hat nichts mit der menschlichen Rasse zu tun, sondern nur mit dem göttlichen Willen und Atem. Die Triebkraft des *Ewigen* kommt hier zum Ausdruck, und ihr könnt nichts dagegen unternehmen, denn sonst erhebt ihr euch gegen euch selbst.

Wie kann man nun mit diesem essenischen Egregor der Reformen Verbindung aufnehmen? Zunächst einmal durch den Willen, allen euch begegnenden Wesen eine Art ›Zündstoff‹ sein zu wollen; des weiteren, indem ihr den Balsam der göttlichen Mutter durch diese Zündkapsel wirken laßt, damit man bei einer Begegnung mit euch sagen kann: ›Dieser Mensch ist anders. Warum nur …?‹, und damit die Antwort stets nur sein kann: ›Er sieht alles größer, er liebt offener und weiter …!‹

Das christliche oder buddhistische Wesen, das mehr oder minder bewußt für euch alle der Ausgangspunkt eurer Suche ist, ist notwendigerweise ein solcher Zündstoff. Es fordert ein solches Niveau an Verständnis und Verwirklichung und auch eine andere Logik im Denken.

»Nehmen wir ein ganz konkretes Beispiel«, fährt die Stimme fort, »es kann vorkommen, daß irgend jemand euch seine Freundschaft oder seine Liebe aufkündigt … Das ›römische‹ Funktionieren unserer Gesellschaft, die Logik des Papageis oder des Schafes, die euch an diesen alten Prinzipien festhalten läßt, diktiert euch fast systematisch, nun eurerseits diesem Wesen eure Freundschaft oder eure Liebe zu entziehen. Dies ist wie ein Reflex und gleichzeitig die wichtige Anwendung des Vergeltungsgesetzes. ›Ich liebe die oder die Person nicht, weil sie mich nicht liebt.‹ Jeder hat bereits eine solche kindische Reaktion erlebt, die das Individuum in einen geschlossenen Kreis einschließt. Sie versetzt den einzelnen in eine hermetisch abgeschlossene Welt, in die des

›Gibst du mir, so geb ich dir‹ und die eines Kuhhandels, aus dem es keinen Ausweg gibt, da die Gesellschaft seine Reaktion beurteilt. Man erstickt leicht an dieser Haltung, an die man sich trotz allem klammert, weil man sich in seinem guten Recht glaubt. Sie klebt an der Haut wie Erbgut.

Das Prinzip, das die Gewißheiten dieser Erde erschüttern wird, rät dazu, eine solche Kette und alle dazugehörenden Bedingtheiten zu unterbrechen. Und wer dies tut, dem schlägt es einen Schlüssel zum Tor des inneren Friedens vor. Aber wollt ihr wirklich den Weg frei machen, um zu diesem Tor zu gelangen? Gibt es in euch genügend Platz, aber auch ausreichend Wagemut, um diesen Neuerungsaspekt des weiblichen Feuers aufzunehmen? Es geht hier nicht nur um einen einfachen Anstrich der Fassade! Vielmehr sollte die gesamte Umwelt in Frage gestellt werden. Ihr seid der Architekt eures Lebens, eures inneren Raums und somit auch mitverantwortlich für den Raum der Welt. Leben und Glück hören da auf, wo ihr entscheidet, daß sie zu Ende sein sollen.

Das Myriam-Prinzip macht aus jedem seinen eigenen Kapitän. Deswegen kann es auch nicht zu denen sprechen, die sich als ewige Opfer aufführen. Sein Ziel ist es, das Menschliche in jedem Mann und in jeder Frau zu erwecken, indem es ihre Kraft der Unabhängigkeit und ihre göttlichen Wurzeln stimuliert.

Ein weiteres Ziel des Myriam-Prinzips besteht darin, bereits die ersten Grundlagen zu einem androgynen Seinszustand zu legen. Myriam von Migdel und die Essener Gemeinschaft zeigten sich sehr kühn, als sie, auf ihre Art und Weise, dieses primordiale Gleichgewicht verkündeten, das im Laufe der Zeit zu einem immer drängenderen Thema geworden ist. Sie waren die Erben von Isis, der verborgenen und ›geheimen‹ Lehrerin aus dem alten Ägypten.

Das Feuer der Isis ist stets ein Feuer der Konspiration. Es ist eine Kraft, die ganz unten wirkt, da, wo es schmerzt, weil alles verhärtet ist. Doch nimmt diese Konspiration nie den Aspekt eines von einigen angezettelten Komplotts an, da sie nie das Ergebnis einer mentalen Mechanik ist. Seht also in ihrem Vorgehen nie das Ziel einer intellektuellen Montage, die eine Macht an die Stelle einer anderen Macht setzen möchte. Sie ist vielmehr heilig in ihrem Wesen, weil sie durch die Zweifel, die sie auslöst, den freien Willen sich entfalten läßt.

Wenn der verändernde Aspekt des weiblichen Feuers eurer Seele etwas bedeutet, so werdet ihr, wer ihr auch immer seid, zum Kanal dieses Feuers und damit verantwortlich. Verantwortlich nicht nur für die Ideen, die ihr vorbringt, sondern auch – und vor allem – für euer ökonomisches, soziales, politisches, religiöses oder spirituelles Verhalten.

Der Blick und das Herz des angekündigten Wassermanns umfaßt alles. Dieser Wassermann geht davon aus, daß nichts im Grunde unrein ist. Nichts in ihm, dessen könnt ihr sicher sein, wird euch jedoch eine Lektion erteilen, denn sein Feuer gehört nicht zu denen, die da schreien ›Ich weiß‹. Im Gegenteil, es flüstert leise ›Lernt, probiert aus und lebt‹.

Diejenigen, die eine Lektion erteilen, stehen immer, jeden Tag, auf der ersten Seite der Medien. Sie sagen weiterhin ihre Lektion Philosophie auf, in der euer Universum seit Hunderten von Jahrtausenden versinkt. Liefert euch ihnen nicht aus! Euer Herz, eure Seele und euer Geist haben alle Macht über euer Leben. Ihr seid geboren zum Erlernen, Verbreiten und Lehren der Liebe.

Wenn ihr euch all dessen bewußt seid, wird sich eine natürliche Anmut in eurem Sein und eurem Handeln bemerkbar machen … Dann werdet ihr auch nicht mehr fragen, was zu tun ist, denn die Antwort wird euch nunmehr klar sein.«

Fünftes Kapitel

»Meine Worte sind Revolution«

Die Pläne des Meisters führten uns an diesem Tag auf die Straße, die von Jericho nach Jerusalem in Schleifen und Windungen durch die steinige Wüste von Judäa führte, da, wo das Gebirge von der Sonne zum Glühen gebracht wird. In früher Morgenstunde hatten wir die Ufer des Jordan verlassen, um uns möglichst schnell Bethanien zu nähern. Und uns blieb noch lange das Bild unserer kleinen Gruppe in Erinnerung, die mit frohem Schritt dahinzog und gutgelaunt miteinander plauderte.

Als wir durch eine Palmenoase kamen, pflückten wir einige frische Datteln und reichten sie untereinander weiter. Etwa dreißig Seelen zählte unsere Gruppe, die so lernte, von einem Tag zum anderen zu leben, die sich aber des so erlebten Glücks noch zu wenig bewußt war.

Der Meister war zu Späßen aufgelegt und ließ uns dies auch bei jeder Gelegenheit wissen. Dieser Charakterzug hatte sogar dazu geführt, daß zwei, drei unter uns plötzlich Zweifel an seiner göttlichen Mission hegten. Die Liebe zu Spaß und guter Laune war in den Augen einiger ein allzu menschlicher Charakterzug. Auch dem, der uns führte, blieb dies nicht verborgen, und er machte daraus mehrmals ein Thema seiner Lehre.

Auch an diesem Morgen sah er wohl, daß einige erneut wenig an dem Lachen teilhaben wollten, das er so gerne in unseren Reihen sah. Plötzlich hielt er am Wegesrand inne und sprach also:

»Glaubt ihr, daß mein Vater sehr ernst war, als er die Erde mit all ihren Dingen schuf?«

Niemand antwortete, war doch diese Art von Frage etwas unerwartet für unsere kleine Gruppe. Wie viele von uns waren noch ganz beeindruckt von den lehrreichen und schulmeisterlichen Dingen, von denen die Priester ihnen seit jeher die Ohren vollgestopft hatten! Der Ewige war ein ernstes Wesen, dies war klar ...

Der Meister wiederholte seine Frage ein zweites Mal und wandte sich dabei insbesondere an Moshe, einen untersetzten Mann mit ernstem Äußeren und Glutaugen, der sich oft etwas abseits von uns aufhielt.

»Nein«, meinte er schließlich, »laßt euch nicht täuschen ... Dies alles ist ein Spiel! Mein Vater hat dieses Universum spielend erschaffen und uns damit auch. Seht ihr, die göttliche Liebe ist eine Freude ... ein unendlicher Tanz. Das Spiel gehört zu unserem tiefen Wesen. Es ist heilige Imagination, die Kraft, dank derer wir alle wachsen. Der Ernst dagegen ist eine Maske, die uns zu passiven Zuschauern der Lebensrunde macht ... Unter dieser Maske setzt sich Rost in uns an. Spürt ihr nicht, wie er insgeheim agiert? Dieser stets von neuem abgelehnte Tanz hinterläßt Falten in eurer Seele ... und nicht etwa die Anzahl der getanzten Figuren.

Deswegen – jedesmal, wenn euer Herz in Lachen ausbricht, labt sich das, was in euch am wahrsten ist, wie an einem Jungbrunnen. Ich sage euch, eine Lehre, die Samen von Ernst und Traurigkeit säen will, spiegelt nicht die Worte meines Vaters wider, sondern verrät sie. Weißt du, Moshe, ich sähe lieber die Freude aus deinem Mund sprechen als das Aufsagen der göttlichen Gesetze ... Die Liebe, die Gestalt annimmt, ist so viel schöner als all das, was mit Mühe ein paar Worte suggerieren können.«

Moshes dünne Lippen versuchten, sich zu entspannen und sich zu einem Lächeln zu formen, dann nickte sein Kopf kaum merklich als Zeichen des Einverständnisses.

»Ja, Rabbi«, meinte er leise.

»Und ich sage nein. Nein, Moshe. Ich will nicht, daß du mit mir einverstanden bist. Ich will, daß du dieses Einverständnis lebst. Nicht mit mir, sondern in Harmonie mit dir, mit diesem Freudenfunken, der das Leben in dir ist. Dein Fleisch muß sich daran erinnern, nicht nur das, was in deinem Kopf vor sich geht.«

Schließlich brachen wir wieder auf und gingen zügig auf der Straße weiter. Hinter uns hatte Moshe seinen üblichen Platz eingenommen, und wir sahen, wie er seine Tränen zurückhielt. Wir hatten Mitleid mit seiner Seele, aber wir wußten, daß sie am Lernen war ... und unsere damit auch.

Die Straße begann nun, sich den Berg hochzuschlängeln. Der Schatten wurde immer seltener, und wir hatten bald nur noch den einen Gedanken, möglichst schnell zu einem Felsenloch zu kommen, das wir kannten und in dem immer ein wenig kühles Wasser floß.

Als wir auf seiner Höhe ankamen, sahen wir mit Erstaunen, daß am Ende des Abhangs, der zu seinem Eingang führte, vier Pferde hinter einem großen Steinblock angebunden standen. Diese fingen auch sofort an zu wiehern, während gleichzeitig etwa zehn bewaffnete Männer aus der Grotte stürzten.

Der Meister ging einfach weiter und schien auch nicht überrascht. Eine rauchige Stimme durchschnitt die Stille.

»Hallo, ihr da! Wer seid ihr? Geht eures Weges!«

»Verweigerst du uns etwa ein wenig Wasser?«

Der Meister machte uns ein Zeichen, und wir blieben stehen. Er selbst war nur noch ein paar Schritte von dem Mann entfernt, der einen großen Hirschfänger in seine Richtung hielt und erneut seine Stimme erhob.

»Wer bist du eigentlich?«

»Du erkennst mich nicht? Erinnere dich ... manchmal gingen wir zusammen am See zum Fischen, mit ein paar anderen Leuten; wir waren noch sehr jung ...«

Der Mann mit der eindrucksvollen Statur sagte kein Wort mehr. Er schien mit einer ungewöhnlichen Eindringlichkeit in seinem Gedächtnis zu suchen ... Schließlich steckte er seine Waffe wieder in seinen Gürtel aus rotem Tuch zurück.

»Ach«, meinte er fast geniert, »du bist es also! Du bist doch der, der Rabbi wurde. Jetzt erkenne ich dich. Dies ist so etwas wie eine Vorsehung ... denn meine Kameraden und ich waren auf der Suche nach dir.«

»Deswegen bin ich auch gekommen. Auch ich habe dich gesucht.«

»Du hast mich gesucht?«

»Ich suche euch alle ... Können wir uns ein bißchen erfrischen?«

Der Mann mit dem roten Gürtel machte seinen Männern ein Zeichen und versuchte dann mit einer linkischen Geste, seine kurze, vom Staub weiße Tunika zurechtzurücken.

Wir kamen hinter dem dicken Baumstamm hervor, der uns als illusorischer Schutzwall gedient hatte, und gingen die paar Meter noch bis zum Eingang der Grotte. Zu unserem Erstaunen war die Situation schnell entspannt ...

Während wir einige nichtssagende Worte wechselten, setzte sich der Meister auf einen großen Stein und wischte sich den Schweiß von der Stirn. Der Mann mit dem roten Gürtel blieb dagegen stehen. Er schien immer noch geniert und auf der Suche nach Worten, die ihm nicht über die Lippen kommen wollten, seine Stirn aber in tiefe Falten legten.

Wie um ihm zu helfen, durchbrach der Meister das Schweigen, das sich über uns zu legen begann.

»Du hast mich also gesucht ... Dein Bruder heißt doch Barabbas, oder täusche ich mich?«

»Ja, Rabbi«, antwortete der Mann schnell. »Ja, ich habe dich gesucht, weil es höchste Zeit ist, daß die Dinge sich ändern ... Bist du nicht der Meinung?«

»Von welchen Dingen sprichst du?«

»Ja ... von den Dingen ... von all dem, was so geschieht! Die Fremden sind überall! Wir sind nicht mehr die Herren bei uns ... Niemand kann mehr einen Schritt tun, ohne auf die Armeen Roms zu stoßen. Geh mal nach Jappa ... bald siehst du dort nur noch ihre Galeeren und ihre Handelsschiffe!«

»Du redest wie bereits vor zwanzig Jahren, mein Bruder. Und in zwanzig Jahren wirst du immer noch das gleiche sagen ...«

Unter dem Gewölbe der Grotte trat in der Gruppe eine große Stille ein, als sie solche Worte aus dem Mund des Meisters hörte.

»Was willst du damit sagen, Rabbi? Gehörst du etwa auch zu denen, die es gut finden, daß Rom sein Gesetz hier diktiert? Ich kann dies kaum glauben ... Die Ordnung der Dinge befriedigt dich doch auch nicht. Überall sagt man, daß du verärgerst bist ...«

»Ich verärgere die, die keine Ohren haben, um zu hören, und dies sind in der Tat viele. Aber du, hast du Ohren? ... Denn du hast mir noch nicht geantwortet. Wirst du in zwanzig Jahren dasselbe erzählen wie heute?«

»Du kennst mich offenbar nicht gut, Rabbi. Ich gehöre nicht zu denen, deren Herz plötzlich anders schlägt. Meine Überzeugungen ändern sich nicht, dessen kannst du sicher sein ... Ich möchte übrigens, daß alle hier dies bezeugen!«

Während er so sprach, ließ der Bruder des Barabbas seine Stimme voller Arroganz im Eingang der Grotte widerhallen.

Sofort verstummten die letzten Stimmen unter uns, und wir versammelten uns mit den anderen um die helle Gestalt des Meisters und um sein Gegenüber. Dieser, so erfuhren wir, hieß Nathan; er nahm nun Platz und schaute unsere Gruppe fest an, so, als suche er hier Zustimmung.

»So redest du also, Bruder, vom Herz, während deine Hand Tod und Verderben sät ... Ist dies nicht eigenartig?«

»Hör mir mit deiner Philosophie auf; nicht, um diese zu vernehmen, hofften meine Kameraden und ich auf dieses Treffen. Ich möchte direkt sein: Wir brauchen dich für eine große Rebellion. Das Volk hört auf dich, du beherrschst es durch dein einfaches Dasein. Ich dagegen habe die Kraft und die Entschlossenheit. Man sagt, du stammst aus der Linie des

Judas und seist der Sohn des ehemaligen Priesters des Tempels von Helios in Jerusalem.[8] Wenn du willst, kannst du morgen über unser Land herrschen und dort deine Ideen durchsetzen. Hast du nicht die Nase voll, dich immer nur an eine Handvoll von Männern und Frauen zu wenden und vor den Soldaten zu fliehen? Tausende und Abertausende werden dir folgen, und ich werde mit weiteren Tausenden an deiner Seite sein ... Du kannst nicht den Frieden erzwingen, indem du den Rücken krumm machst, Rabbi, überleg ein bißchen!«

»Wer spricht von erzwingen? Mein Wille ist nicht mein Wille, und die Armeen sind nicht mein Problem ...«

Aus Nathans Brust stieg eine Art dunkles Gemurre, und sein Blick verhärtete sich. Aber der Meister gab ihm keine Gelegenheit, darauf zu reagieren, und fuhr unmittelbar fort:

»Seit ich wieder in diesem Land bin, beobachte ich dich und die anderen Ischarii[9], die man überall findet. Ich sehe, wie sehr ihr die Methoden und die Entschlossenheit Roms schürt. Das Schwert ruft nach dem Schwert und verstärkt es noch, lieber Bruder. Täusche dich nicht ... nicht von Befreiung redest du, sondern von Beherrschung und von Unterwerfung.«

Schlagartig sprang Nathan auf, wußte aber offenbar nicht, was er hierzu sagen sollte. Nach einigen Augenblicken brachte er endlich ein paar Worte heraus.

»Geh deinen Weg weiter, Rabbi, du beschmutzt unser Freiheitsideal ...«

» ... Aber mein Weg führt über dich, ich folge ihm nur. Siehst du, wie der Ewige uns beide aufeinandertreffen ließ? Und was das Beschmutzen betrifft, so ist eine solche Haltung meinem Herzen fremd. Ich sage dir nur, daß du nicht der Freiheit dienst, sondern nur deine Waffen verstärkst. Höre mir einmal zu ... Rom ist nicht das Rom, das du siehst, mit

8 In der Tat war dies eine der Aufgaben Josefs.
9 Ischarii ist ein anderer Name für die Zeloten.

seinen Galeeren, seinen Legionen und seinen Verwaltern. Das echte Rom ist dieses leidende und vertrocknete Königtum, das jeder Mensch in sich unterhält. Es handelt sich um eine Erde, auf der der Hunger niemals gestillt wurde und wo alle Wasser vergiftet sind. Es handelt sich um das Land derer, die ihre Geburtsmarke vergessen haben. Es ist der Rahmen für die Mechanik der Bestialität und der Mißgunst.«

» … Und die Deinigen wohnen nicht auf dieser Welt, nehme ich an!«

» … Ihr seid alle die Meinen, Nathan … die, die du hier neben mir siehst, du, deine Waffenbrüder und die große Menge derer, die diese Erde bewohnen. Ihr seid alle mein, nicht etwa, weil ihr mir gehört, sondern weil euer Herz und mein Herz eins sind und weil der Atem, der alle belebt, nicht von dieser Welt stammt.«

Der Mann mit dem roten Gürtel brach in Lachen aus und legte automatisch seine Hand an den Hirschfänger, so als suche er dort Halt. Als einige seiner Kameraden dies sahen, versuchten sie, ihn nachzuahmen, aber ihr Lachen klang falsch und dauerte nur kurze Zeit, bis wieder Stille im Felsengewölbe eintrat. Wir genossen einen Augenblick lang die Tiefe dieser Stille, waren aber doch ein wenig beunruhigt über die Wendung, die unsere Begegnung plötzlich genommen hatte. Schließlich fuhr der Meister mit einem offenen und friedlichen Lächeln in der Erklärung seiner Lehre fort.

»Ich mag dein Lachen, Bruder, denn es ist alles andere als lau und spiegelt das Feuer deiner Seele wider. Auch deswegen gehörst du zu den Meinigen. Da, wo mein Herz seinen Ursprung hat, ist das Leben ganz, denn es drückt sich nicht in Halbheiten aus. Nur der Boden ist fruchtbar, der sich selbst nicht schont. Du gibst alles, was deine Hände nehmen können, und dies ist gut so.

Was du als Befreiung bezeichnest, Nathan, ist nichts anderes als Revolte. Eine Revolte mehr oder weniger … Eine Rebellion unter zehntausend anderen auf dieser Erde. Der rote Gürtel und der Hirschfänger erzählen unablässig die gleiche Geschichte, und dies nun seit ewigen Zeiten … und sie werden immer wieder vom Schmerz stammeln, solange der Fluß aus Kämpfen nicht einer Springflut aus Revolutionen Platz gemacht hat.«

»Revolutionen? Sprich uns davon, Rabbi!« fiel Levi ein, der, an einen Felsen angelehnt, plötzlich seine reservierte Haltung aufgab.

»Ja, sprich«, wiederholte Nathan, der sich nun wieder dem Meister gegenüber niedergelassen hatte und nervös mit der rechten Hand den Boden kratzte.

»Die wahre Revolution, liebe Freunde, ist die Evolution … Die Evolution, die ich meine, entspricht dem Ersetzen einer Melodie durch eine andere, sicher aber nicht einer Veränderung des Refrains oder des Rhythmus. Zur Zeit schlagen Cäsars Armeen den Takt in dem Lied des Lebens. Sie haben eine Trommel, während ihr nur eine kleine Flöte in den Händen habt. Wo liegt die Wahrheit? In Wahrheit träumt ihr davon, diese Trommel zu besitzen. Was eurer Ansicht nach Revolution ist, ist niemals mehr als Begehren. Ihr gehört zu diesem irdischen Rom und zählt zu seinen Legionären – gegen eure Absicht – solange ihr den Schlüssel zur wahren Revolution nicht erkannt und erreicht habt.

» … und die wahre Revolution ist natürlich nur deine«, meinte spöttisch der Zelote.

»In Wahrheit ist sie die des Menschen!«

»Du machst dich lustig, Rabbi … Sei ein bißchen deutlicher.«

»Es ist die Revolution des Menschen, das heißt des ›echten‹ Menschen, der in jedem von uns wartet … da er noch nicht geboren ist. Ihr seid alle noch am Geborenwerden, liebe Freunde … und ich bin da, um euren Geburten beizuwohnen.«

»Und ich sage dir, daß deine Revolution nur ein leeres Gefüge aus Ideen und Worten ist. Wir wollen endlich eine Luft atmen, die nicht von Rom verpestet ist, klar!«

»Wenn eines Tages nicht mehr Rom dein Denken beschäftigen wird, dann wird dies Alexandrien oder Karthago sein ... bis zu dem Tag, wo du selbst dir die Reichtümer von Antiochia aneignen willst. Nein, siehst du, die einzige Befreiung, die einzig mögliche Revolution ist die Revolution des Blickes. Du kannst die Welt verändern, je nachdem, wie deine Seele ihren Blick darauf richtet. Was in deinem Herzen ist, wird sich früher oder später auch außerhalb deines Herzens niederschreiben und sich automatisch über alle Welt verbreiten. Und genau dieser Schlüssel fehlt dir. Ich rede hier weder von Schwäche noch von passiver Akzeptanz noch von dieser Toleranz, in der man seine eigenen Sehnsüchte erstickt. Dagegen spreche ich von der echten Stärke, nämlich der alles verändernden Liebe. Die Revolution der Liebe ist, und dies dürft ihr mir glauben, die einzige, die der Mensch auf dieser Erde noch nicht geführt hat.«

»So willst du wohl, daß ich Rom liebe! Daß ich all die liebe, die man uns schickt, um uns besser zu unterjochen!«

»Ich möchte, daß du dem zulächelst, der dich schlägt. Ich möchte – sollte das Leben dich zwingen, einmal zuzuschlagen, um deine Nächsten zu schützen –, daß in deiner Geste dieses gleiche Lächeln ist. Du sagst dir wohl, Nathan, daß ich träume, aber vergiß dabei nicht, daß das, was du Wirklichkeit nennst, zunächst die Frucht eines Traumes ist.

Mein Vater hat mich nicht in diese Welt geschickt, um euch einzuschläfern, sondern um in euch den Traum der echten Revolution zu erwecken. Das ewige Rom heißt auch ewiges Babylon. Dort wohnen nur habgierige Händler. Du willst die Freiheit, aber diese kann man nicht für Geld kaufen. Sie ist kein Zustand der Macht, sondern ein Zustand der Kraft, also ein Seinszustand. Ein Herrscher, der seine Macht ausübt, glaubt sicherlich zu regieren, aber in Wirklichkeit bleibt er ein Sklave dessen, was er nicht ist. Unaufhörlich läuft er hinter einer Freiheit her, die er kaum besitzt, und hinter einer Macht, die er noch nicht beherrscht. Der Mensch, der seine Kraft entfaltet, ist seinerseits ein Herrscher unter den Herrschern. Sein Herz und seine Augen kennen keine Grenzen, weil er auf meinen Vater, der in ihm lebt, ausgerichtet ist. Nur so können Wunder geschehen, und nur so kann sich die Blume als Speer erweisen.«

Nathan zuckte mit den Schultern und seufzte tief als Zeichen seines Unwillens.

»Deine Welt ist nicht die meine, Rabbi«, meinte er am Ende seiner Kraft.

»Von uns beiden, mein Bruder, bin ich derjenige, der das Schwert trägt. Du weißt dies, aber wie bei all diesen Männern ist deine Machtgier ihrer eigenen Existenz noch nicht überdrüssig geworden. Die Lust zu kommandieren und alles zu kontrollieren ist stets ein unbewußtes Eingestehen einer Angst! Wenn Cäsar unsere Straßen überwacht, so doch nur aus Angst, diese Erde zu verlieren ... und du bist wie Cäsar, denn du träumst davon, die gleichen Straßen zu kontrollieren. Wie jeder auf dieser Welt hast du Angst, man könne dich nicht lieben ... und dabei führt die Macht, die dich zur Rebellion treibt, nicht zur Liebe, sondern nur zum Erwachen von Angst.«

»Mach dich nun endlich auf den Weg, Rabbi«, entgegnete Nathan und sprach deutlich lauter. »Wer nicht gefürchtet ist, kann die Dinge nicht neu organisieren.«

»Genau das sage ich dir ja auch, Bruder ... gehe zum Statthalter und übergebe ihm deinen Hirschfänger, denn in unseren Adern fließt das gleiche Blut.«

Mit schmalen Lippen und voller Wut legte der Zelotenchef seine Hand an den Gürtel, als wolle er sichergehen, daß seine Waffe immer noch da ist.

Der Meister seinerseits hatte sich langsam erhoben und schaute dem Mann friedlich in die Augen.

»Ich möchte dich heilen, Nathan«, sagte er mit leiser Stimme und legte dabei seine rechte Hand mit der Innenseite auf sein Herz. »Aber weißt du, ein Therapeut tut zunächst einmal weh, wenn er eine Wunde berührt.«

Der Mann mit dem roten Gürtel brachte kein Wort heraus, und wir sahen, wie seine Hand weiter nach der Waffe suchte.

Und sie fand etwas, das an seiner Seite hing – anstelle des Hirschfängers befand sich ein Olivenzweig. Dieser offenbar frisch geschnittene Zweig verwirrte Nathan aufs äußerste, während unsere Gruppe in eine kaum zu kontrollierende Begeisterung verfiel.

Wir waren nur noch eine einzige Familie von Männern und Frauen, die sich wortlos zu Füßen des Meisters warf. Am meisten betroffen von dem Geschehen waren allerdings die Zelotenkämpfer. Ihr Chef war sofort aus der Höhle gegangen und gab sich den Anschein, sich um die Pferde kümmern zu wollen. Aber in seinem Blick standen Jammer und Elend geschrieben, so als wäre sein Leben, der Grund seiner Existenz plötzlich in Gefahr geraten.

Die hohe weiße Gestalt des Meisters näherte sich ihm und sprach einige Augenblicke auf ihn ein. Nichts von diesem Gespräch drang zu uns durch, wir sahen nur, daß Nathan so bleich war, als würde er jeden Augenblick in Ohnmacht fallen ... Dann runzelte er die Stirn und entspannte sich wieder ... Noch etwas unsicher auf den Beinen, schwang sich dann der Bruder des Barabbas auf sein Pferd und rief seine Kameraden zu sich, um schnell den Abhang hinunterzureiten und hinter einem großen Felsen zu verschwinden.

So standen wir denn nun wieder allein am Eingang der Grotte und wußten nicht, ob wir uns über diese Begegnung freuen oder eher traurig sein sollten.

»Alles ist gut so«, meinte der Meister, der in unseren Blicken lesen konnte. »Diese Männer befinden sich auf einem Weg, den ihre Seele noch nicht ganz durchlaufen hat. Denkt nicht an sie, wie ihr dies offenbar gerade tut. Ihr wißt nicht, ob sie nicht vielleicht dem Ziel meines Vaters genauso dienen, wie ihr es tun wollt. Keine Erde ist so unfruchtbar, daß man ihr die Möglichkeit nehmen dürfte, etwas hervorzubringen. Man muß nur ihre Rolle erfassen und sie nicht daran hindern, sie zu erfüllen. Man braucht ihr nur zu sagen, woran sie reich ist. Dies ist meine Aufgabe, aber auch bereits eure und die all derer, die in meinem Namen sprechen. Es gibt kaum falsche Wege, und der Begriff der Sackgasse ist Unsinn. Es gibt nur Wege, deren Bedeutung man nicht erfaßt und die man nicht ganz durchläuft ... Aber über eines könnt ihr euch sicher sein – am Ende des Weges steht immer die Zärtlichkeit und das Mitgefühl.«

Wir nahmen diese Lektion auf, wie sie war, und entschieden gemeinsam, hier zu übernachten, um am nächsten Morgen in der Dämmerung aufzubrechen.

Da wir wußten, wie kühl gewisse Nächte in diesen Wüstenstrichen sein können, machten wir uns daran, ein bißchen Holz zu suchen, um eventuell ein Feuer zu entfachen. So suchte ein jeder von uns in einer anderen Richtung nach einem vertrockneten Ast oder etwas Dornengestrüpp, und am Ende des Tages versammelten wir uns wieder um den Meister, der seinerseits bei solchen Beschäftigungen nie abseits stand.

Ich erinnere mich, daß ich beim Suchen nach ein paar Zweigen hinter mir das Geräusch von nackten Füßen, die über Steine gingen, vernommen hatte. Es war der Meister! Er hatte ein paar Äste in der Hand und schaute mich mit einem Blick an, der die Seele aufwühlt und Jahrhunderte durchquert. Er sagte kein Wort, denn offenbar war dies nicht notwendig. Seine Augen schienen mich nur zu suchen, um noch ein wenig tiefer das einzugravieren, was Wirklichkeit war.

Als die Nacht ihren Schleier über uns geworfen hatte, flackerte ein hübsches Feuer vor dem Eingang zur Grotte. Daß es nichts mehr zu essen gab, war unser geringstes Problem. Wir hatten unsere wollenen Mäntel unter uns gelegt und hofften nun, in der Wärme der Flammen auf das Glück einer Belehrung ... Aber war nicht alles Belehrung? Selbst das Warten auf die Worte des Meisters wurde zu einer Lehre, denn sie ähnelte einem Spiegel, der all unsere Schwächen reflektierte.

War es der Geist, der sich in uns bemerkbar machte und uns sagte, diesem Rabbiner blind zu folgen, oder war es ein subtiler Wunsch nach Macht, ein Hang zum Elitären, ein versteckter muffiger Beigeschmack dieser ewigen ›Ich-Sucht‹?

Diese ›Ich-Sucht‹ ist nicht wie alles andere ... Sie liegt außerhalb jeder Norm, denn sie versteht und wird fast ganz verstanden. Fast! Aber dieses ›Fast‹ wird in Augenblicken innerer Klarheit zu einem ›überhaupt nicht‹ ... Denn Liebe, die sich nicht total und ohne zu zählen ausbreiten kann, ist noch keine Liebe. Noch nicht!

Johannes hat an diesem Abend sicherlich am treffendsten unsere Gedanken zum Ausdruck gebracht.

»Meister, sag uns«, meinte er in einem fast heiteren Ton, während seine halblangen Haare in einem plötzlich aufgekommenen Wind flatterten. »Wenn wir nicht alles verstanden haben ... dann haben wir in Wirklichkeit nichts verstanden!«

»Alles? Weißt du überhaupt, was dieses *Alles* bedeutet? Dieses *Alles* gibt es in Wirklichkeit nicht, Johannes. Es ist eine Idee, ein göttliches Projekt, das wächst und immer weiter wächst, unaufhörlich. Nicht einmal das Leben weiß, was dieses *Alles* genau ist. Es geht ewig auf es zu wie du, der du in Richtung des scheinbar vor dir fliehenden Horizonts wanderst. Das Leben versucht, dieses *Alles* in jedem Augenblick zu erfinden, indem es durch dich, durch mich und durch uns alle lernt. Wenn du der Meinung bist, daß man *alles* verstehen muß, um meinen Vater zu finden, so bedeutet dies lediglich, daß du das Wissen außerhalb deines Herzens ansiedelst. In Wirklichkeit ist das große Lebensbuch nicht so sehr zu lesen als vielmehr zu erproben, zu erfinden und ewig zu vervollständigen.«

»Die Perfektion vervollständigen, Rabbi? Ich verliere mich in deinen Worten ...«

»Weil du meinst, es handele sich hier um Worte ... Die Vollkommenheit ist wie eine Blume, deren Herz niemals ganz erblüht ist. Ein Blütenblatt verdeckt immer ein anderes, das selbst noch nicht entwickelt ist, und dies unaufhörlich und immer wieder. Die Wahrheit, die Perfektion und das *Alles* verlangen nach einer ständigen Revolution ...

Da ihr nun einmal Verlangen nach dieser Wahrheit habt und da euer Weg unumgänglich über mich führt, muß euch vollkommen bewußt sein, daß meine Worte in sich *die* Revolution enthalten. Wenn ihr euch ihr öffnet und nicht an der Hülle, die die Worte überdeckt, stehenbleibt, dann versteht ihr auch, daß sie sich außerhalb der Bahnen der Vergangenheit und des Treibsandes der Gewohnheit entfaltet.

Wenn zweimal tausend Jahre verflossen sein werden und die Taube sich anschickt, die Erde zu durchsetzen, dann werdet ihr dermaßen müde sein, stets die gleichen Revolten zu reproduzieren, daß alle eure Widerstände nacheinander fallen werden. Und erst dann werdet ihr fähig sein, meine Worte aufzunehmen ... Und zwar nicht als eine aus der Vergangenheit aufsteigende Erinnerung, sondern als eine lebendige Kraft. Denn erst zu dem Zeitpunkt werden sie zu euren Worten, eurem Erleben und eurer Revolution. Ihr werdet auch nicht mehr versuchen, wie dies noch heute der Fall ist, zu bekehren, sondern ihr werdet das Feuer der Transparenz und die Ursache für das Erzittern der Luft sein ... überall da, wo ihr seid. Aber vergeßt nicht, daß es keine andere Form der Bekehrung geben kann als die Selbstbekehrung ... Dieses Problem muß jeder mit sich selbst regeln! Das Glück der Welt, liebe Freunde, hängt vom Glück des einzelnen ab; es ist die notwendige Frucht der Authentizität, mit der jeder sich in Wirklichkeit selbst findet!«

»Was willst du damit sagen, Meister?« unterbrach erneut Johannes und strich dabei mit der Hand durch seinen dünnen Bart, der die Kinnpartie seines Gesichtes unterstrich. »Ich kann kaum glauben, daß das individuelle Glück das Glück der gesamten Erde auslöst. Dies steht doch im Widerspruch zu deiner bisherigen Lehre ... Jeden Tag sehen wir, wie du gibst und schenkst, ohne dabei das Geringste für dich selbst in Anspruch zu nehmen. Dieses Glück, von dem du sprachst, scheinst du dir selbst nicht gönnen zu wollen!«

»Ich sage euch ja wohl, daß ich die Revolution in euch säen werde, liebe Freunde ... Ihr könnt dieses Glück, von dem ich sprach, für den Augenblick nur wahrnehmen unter dem Aspekt einer gewissen Bequemlichkeit, einer friedlichen Genugtuung des Bewußtseins oder auch eines Nicht-Kriegszustandes. Und da liegt auch das Problem ... und wird es auch weiterhin liegen, solange ihr nicht begriffen habt, daß die Lösung nur außerhalb von Begriffen wie Verlust oder Erwerb liegen kann. Das Glück ist ein Zustand des Gebens, ein Zustand, in dem das Herz überfließt ... und dieser Zustand der Fülle ist unendlich; ich sage euch, wer in sich diese Fülle sich entwickelt läßt, hat nichts zu verteidigen, weil er sich ja nichts aneignet ... und er eignet sich auch nichts an, weil er sich in allem anwesend fühlt und weil er alles mit allen teilt.

Dieses Glück ist die ansteckendste Kraft, die es gibt, habt ihr dies noch nicht bemerkt? Ihr, die ihr jedem meiner Schritte folgt, um deren Ursprung zu verstehen, ihr seid schon nicht mehr dieselben wie heute morgen.«

»Dies sind deine Worte, Rabbi ...«

»Nicht nur meine Worte allein! Das Glück wohnt darin. Jeder Akt, den ich auf Erden vollziehe, hat zum Ziel, daß eines Tages, den ich so nah wie möglich wünsche, jede Geste, die ihr ausführt, und jeder Blick, den ihr werft, von diesem gleichen Glück beseelt sein werden. Damit, ich kann mich nur wiederholen, bei jedem Treffen, jeder Begegnung mit euch die Leute sagen: ›Dieser da ist anders‹ ... Damit dann dieser Unterschied zum Träger der wahren Revolution wird.«

Wir sahen, wie Johannes hinter dem knisternden Flammenvorhang aufstand, als wolle er zu uns allen sprechen. Aber nur wenige Worte kamen aus seiner Brust; in der Tat sprach eher sein Körper, und der sprach von Ungeduld, von unser aller Ungeduld.

»Die wahre Revolution ... aber wenn diese Revolution noch zweimal tausend Jahre warten muß, wie du sagst, was sollen wir dann heute? Meine Seele kann nicht mehr länger warten, Rabbi! Seit die Propheten auf unserer Erde wandeln, ging es stets um Befreiung ... Warum ist alles erst für morgen?«

»Glaubst du etwa, ich sei ein Prophet, Johannes?«

»Nein ... Du bist ... Ich weiß nicht ...«

»Ich bin der, der noch heute die Befreiung und die Revolution bringt! Nicht wenn du es wünschst, sondern wenn du es willst ... Und weil die ganze Menschheit dies nur wünscht, muß sie noch einige Zeit in diesem Wartezustand leben ... Verstehst du mich? Die Revolution, von der mein Herz so übervoll ist, ist zunächst eine Sache individueller Entscheidung. Du kannst dich selbst loslösen von dem riesigen Volk derer, die leiden und ewig auf etwas warten.«

»Aber wie, wie?« rief ein alter Mann, der neben Johannes saß. »Sieh einmal, Meister, mein ganzes Leben bin ich durch die Wüste gewandert und habe immer noch den Eindruck, ein roher Stein zu sein, den niemand und nichts wirklich grob behauen hat!«

»Dies ist alles so einfach, während ihr so kompliziert geworden seid! Indem ihr die Liebe dahin stellt, wo die menschlichen Regeln euch erlauben, Haß, Eifersucht oder Mißgunst zu säen. Ich versichere euch, in jedem Augenblick seines Lebens kann jeder Mensch diesen Weg wählen und sich somit an meine Seite stellen ... an den besten Platz des Lebens!

Der König dieser Welt ist eine stagnierende Kraft, der die außerordentliche Geschicklichkeit besitzt, das Sklaventum, zu dem er zwingt, auch noch schätzen und lieben zu lassen. Das Rom, das ihr heute so fürchtet, ist nur eine kindliche Vorahnung von dem Rom, das die Menschheit in sich trägt und das sich bei meiner Rückkehr noch deutlicher manifestieren wird. Vergeßt nicht, daß der schlimmste Tyrann immer der ist, der sich unentbehrlich macht. So lullt das Rom, von dem ich euch spreche und gegen das ihr reagieren müßt, seine Subjekte ein, indem es sie in einer geschlossenen Welt einschließt. Es erreicht, daß sie seine Mauern mögen, weil seine Attribute leicht die Ängste eines jeden verdecken können. ›Denkt so, handelt so‹, rät es. ›Ich kümmere mich um eure Ängste, denn ihr seid nur Legionäre unter vielen anderen Legionären ... Seid glücklich, zu meinen Untertanen zählen zu dürfen, laßt mich regieren ... vielleicht werde ich dann ein paar meiner Machtfaktoren an einige von euch verteilen ...‹«

Die Stille breitete plötzlich ihren Schleier über diese Worte, und jeder von uns verstand auf einen Schlag die Nichtigkeit seiner eigenen Argumente. Der Meister hatte die Augen fest auf den Tanz des Feuers gerichtet, während seine Hand in einer kleinen Ledertasche neben ihm etwas suchte. Schließlich zog er eine Handvoll Harzstückchen heraus, warf diese auf die Glut und begann zu singen. Es handelte sich um eines dieser Rezitative, die wir als Kinder oft in den Dorfstraßen um die Osterzeit herum gesungen hatten. Es war so schön, so leicht, aber auch so stark, daß wir es, fast wie mit unseren Körpern, im wilden Rhythmus der Flammen tanzen sahen entlang der Wände und an der Decke unserer Grotte.

Es besteht kein Zweifel, daß diese Melodie wie ein Parfüm heute »irgendwo« in uns schwebt und auch »irgendwo« in unserer Menschheit ... denn zweitausend Jahre sind verflossen und ein neues Ostern, so verschieden von den anderen, zeichnet sich am Horizont ab ...

Sechstes Kapitel

Das Rom-Prinzip

Was hältst du davon?«

Die Stimme ohne Gesicht in meinem Inneren war wieder da. Unmöglich, nicht auf die Frage einzugehen, spürte man in ihr doch diese Macht der Strenge, aber auch die des entwaffnenden Lächelns.

»Was man davon halten soll?«

»Nein ... was *du* davon hältst, was *jeder von euch* davon hält!«

Sie schien sich zu amüsieren, während sie ganz deutlich diese Worte aussprach.

»Du fragst dich immer noch, wer ich bin, der ich mich immer in deine Sachen einmische ... Ich bin ... ein Faustschlag und ein Streicheln. Ich bin ... wie eine Taube, die die Revolution austrägt. Reicht das noch nicht?

Dann sag mir doch, muß man überhaupt sein? Muß man überhaupt handeln? Die Bilder, die wir jeden Tag von der Welt bekommen, lassen uns zwischen den Antworten schwanken. Was schlägst du vor? Muß man plötzlich aufspringen und sich gegenüber einer solch zerreißenden Welt engagieren, oder soll man nicht eher in sich gekehrt bleiben und beten?

Warum muß man aus Tag und Nacht einen Gegensatz machen? Was ist Tag, und was ist Nacht? Sag mir! Das eine ist nichts ohne das andere! Die Antwort liegt in der Verpuppung der Insekten ... Wenn ihr euch unaufhörlich auf dem

Seil der Metamorphose aufhaltet, hat die Frage nicht mehr den gleichen Sinn … In euch vereinen sich das Erdhafte und das Lufthafte. Das Sein verlangt nach Handlung und umgekehrt. Der Meditierende, der nicht die Revolution auslöst, ist wie unfruchtbare Erde. Und die richtige Handlung wird zum Lob und zum Gebet. So verlangt jeder Augenblick des Lebens nach der Einheit zwischen den offensichtlichen Gegensätzen.«

»Das richtige Handeln …«

» … ist nicht etwa Agitation! Die Welt ist die Szene einer riesigen Agitation; aber nur wenige handeln … das heißt, sie halten das Gebet mit ihren Fingerspitzen, und in ihrem Denken steht Revolution.«

»Schon wieder dieser Begriff der Revolution!«

»Schon wieder und immer wieder und dies ohne Ende! Ich sprach von dem Insekt, das sich verpuppt … Eine solche Puppe lebt nicht etwa, wie man glauben könnte, im Halbdunkel, sondern in einer Art Licht, außerhalb von Zeit und Raum, das alles erhellt, ohne den geringsten Schatten zu werfen. Das Puppen-Wesen ist ständig in Revolution. Der Geist ist an den Körper geheftet und umgekehrt, er ist in einem ständigen Wachzustand und offen für alles, was möglich ist. Nicht etwa in Ungewißheit oder Zweifel, sondern im Gegenteil in der Gewißheit eines schnellen und unvermeidlichen Zurückweichens aller Grenzen. Das Rom-Prinzip ist verwandt mit dem Zeloten-Prinzip. Beide sind auf ewig verbunden, denn eines ernährt sich vom anderen und umgekehrt. Der Tyrann, das Opfer und der Revolutionär sind in diesem Sinne eigenartigerweise Komplizen. Sie leben abwechselnd in jedem von uns, liefern sich gegenseitig Argumente und Entschuldigungen und sind alle auf der Suche nach Macht und Opfer ihrer Urängste.«

»Erzähl mir ein wenig von dem Rom-Prinzip …«

»Das Rom-Prinzip ist zeitlos. Der Name, den ich ihm gebe, ist gleichgültig, zum Beispiel den Namen eines Diktators, den es je auf dieser Erde gegeben hat oder heute noch gibt. Ich könnte es auch nach dem Tyrannen benennen, der ganz subtil in jedem menschlichen Wesen agiert und der der Grund jeglichen Leidens ist. In der Geschichte eurer Menschheit hat sich dieses Prinzip oft, in ganz periodischen Abständen, sehr deutlich manifestiert ... Und jetzt bringt ihr es erneut zu einem Höhepunkt ... aber in einer solchen Übertreibung, die der Höhe des Einsatzes entspricht.

Dieser Prozeß hat vor etwa 150 Jahren in dieser radikalen Form eingesetzt. Es handelt sich hier um einen Mechanismus, der wie ein Krake agiert: ein Kopf und viele Arme, die sich in alle Richtungen ausbreiten können. Es handelt sich also um eine polypenartig alles umfassende Organisation, die vorgibt, alle Lebensbereiche vom intimsten bis zum allgemeinsten zu beherrschen, eine Organisation, die aus eurer mangelnden Kohärenz ihr Aktionsfeld macht. Sie hat euch nach und nach eingeladen, in ihr Spiel einzutreten, dessen Ausmaß, Regeln und Ziel ihr nicht kennt. Sie entscheidet über Kriege oder Waffenruhen, sie verkauft die Waffen, aber auch die Mittel, um Wunden zu verbinden. Sie läßt Staatsoberhäupter ernennen und auch zahlreiche religiöse Führer; sie sagt euch, was ihr zu glauben oder abzulehnen habt. Sie ist es auch, die über eure physische und psychische Gesundheit entscheidet, euch aber die Illusion läßt, euer Leben selbst zu gestalten. Sie zerstreut euch jeden Tag auf tausend verschiedene Arten und gibt euch so den Eindruck, das Glück erfassen zu können. Schließlich ist sie es auch, die euch von euch selbst entfernt dank der Allgegenwart ihrer Arme, die Schutz und Sicherheit vortäuschen. Indem sie euch hilft, das ›Ich‹ zu entwickeln, macht sie aus euch eine Nummer unter vielen anderen, eine anonyme Person mehr auf der endlosen Liste der manipulierten Zeitgenossen ...

Folgendes möchte ich euch sagen: Ihr denkt, frei zu sein? Aber frei wovon oder um was zu tun? Um von dem Rand einer Seite bis zum gegenüberliegenden Rand derselben Seite reisen zu können! Habt ihr irgendwann entschieden, um welche Seite es sich handeln soll? Ist euch bewußt geworden, daß ihr diesen Rahmen verlassen könnt, sobald ihr klar verstanden habt, daß es sich nur um einen Rahmen handelt?

Wenn ich dies sage, so meine ich damit nicht nur die Weltorganisation der Macht und der Unterwerfung, sondern die Masse ihrer Mitarbeiter, die Armee der Schwachen und Unentschlossenen, zu denen ihr, auf eurem Niveau, auch gehört. Ich kenne eure Argumente: Warum soll man dies alles erwähnen? Warum Gefahr laufen, eine zusätzliche Angst hervorzurufen, eine Paranoia auszulösen? Aus dem gleichen Grund, aus dem man ein Kind das Laufen lehrt, auch wenn es hinfallen und dabei sein Knie verletzen kann.

Würdet ihr einem Blinden das Augenlicht verwehren, nur weil er unschöne Dinge unterwegs entdecken kann?

Natürlich ist es nicht besonders angenehm, wenn man entdeckt, daß man im Grunde lieber weiterhin ein Blinder in einer Welt von Blinden geblieben wäre ... Dann stellt man sich auf die Hinterbeine und liest lieber erneut dieselbe Seite, den gleichen Abschnitt aus dem Buch des vorgezeichneten Lebens.

Ärgerlich ist nur, daß jeder Blinde in seinem Innersten weiß, was Licht ist und was es bedeutet. Und dagegen kann der Krake der Weltmacht nichts tun.

Das Rom-Prinzip, dessen Inkarnation ihr zugelassen habt, kann bei seinen Untertanen weder den Übergang zum Handeln noch den zum Sein auslösen. Es erlaubt nur denen zu leben, die in die Form des guten Bürgers passen. Seht, das historische Rom war stets ein entschlossener Gegner des christlichen Prinzips, anders ausgedrückt, es war gegen das Wiederaufleben des ›Kommenden‹ in jedem. Nachdem es versucht hatte, ›vor Ort‹ die Jesus und die Essener Bruderschaft beflügelnde Kraft zu ersticken, hat es sich den Anschein gegeben, diese zu akzeptieren, um sie so leichter umgarnen, verderben und schließlich von innen heraus erwürgen zu können ... damit die heutige Menschheit nur noch ein verformtes und dürftiges christliches Lehrbild vorfindet. Und indem es so handelte, wurde das historische

Rom, das ja heute so religiös ist, ein bevorzugter Verbündeter der Regierung der Weltherrschaft. Es wurde zu einem Kraken im Inneren des Kraken und rein politisch im Sinne von Manipulation. Es muß bis zum Ende des eingeschlagenen Weges gehen, wie es auch für jeden Mann und jede Frau notwendig ist, die persönliche Sackgasse ihres Stolzes, ihrer zahlreichen Lügen und ihrer Gier nach Macht zu erleben.

Das Rom-Prinzip ist seit jeher ein Agitationsprinzip; materielle und emotionelle Agitation durch das Bedürfnis nach Befriedigung aller Ambitionen und mentale Agitation durch die Ablenkung des Bewußtseins von seinem eigentlichen Zentrum und damit von seinem Ziel. Vor mehr als zweitausend Jahren versprach das historische Rom seinem Volk ›Brot und Spiele‹. Das innere Rom hat seit jeher und bis heute stets diesen gleichen Slogan. Das Banner des aufgestachelten Ego bleibt stets das gleiche. Es handelt sich um ein totalitäres, gegenrevolutionäres Banner, welches das Bewußtsein erstickt.«

»Warum sprichst du vom ›aufgestachelten Ego‹? Willst du damit sagen, daß es ein ›tolerierbares Ego‹ gibt?«

»Aber stell dir doch selbst diese Frage ...! Welches ist diese Mode, die aus dem Ego systematisch und ohne Unterscheidung den Feind macht, den es abzuwürgen gilt? Du mußt zunächst wissen, daß das Leben keine Feinde hat. Es ist selbst inmitten dessen da, was ihr Tod nennt oder was ihr als Irrtum oder Hindernis bezeichnet. Das Leben setzt tausend Masken auf, um in eurem Herzen die Quintessenz freizulegen ... das fünfte Sein, das inmitten der vier Arme des Kreuzes blüht. Das Leben braucht das Ego.

Wenn ihr nicht ›ich‹ sagen könnt, könnt ihr nicht den authentischen und freiwilligen Weg zu eurem Zuhause antreten; auf keinen Fall könnt ihr die grundlegende Revolution in Angriff nehmen. Wenn ich vom ›aufgestachelten Ego‹ rede, dann meine ich diese bleierne Energie, die euch nur an euer ›Ich‹ bindet und euch also von der Liebe abkehrt, die gleichzeitig Weg und Ziel des Weges ist. Das Mittel zur Befreiung wird also zu einem Instrument der Unterjochung und zu einem Mittel der Stagnation.

Jedes Ding ist auch Träger seines Gegenteils. Nur der Geist, den ihr ihm eingebt, verleiht ihm seine entsprechende Dimension ... So ist auch eure verkörperte Persönlichkeit stets eine Manifestation des ›Kommenden‹ in euch. Seht darin ein göttliches Geschenk, das auch so gut wie möglich euren Bedürfnissen angepaßt ist ... natürlich nicht euren Wünschen. Was ihr dann daraus macht ... ist eine andere Sache. Dies ist eine Angelegenheit zwischen euch und euch ... Eine Angelegenheit von Entschlossenheit und Liebe oder von Faulheit und Egoismus. Die ganze Aktionsbreite steht euch zur Verfügung, um die Revolution durchzuführen oder auch nicht.

Der Zeitpunkt ist nun gekommen, wo ihr euch die Frage stellen müßt, ob ihr wirklich bereit seid, euch selbst und eure Entwicklung in die Hand zu nehmen oder nicht. Habt ihr ausreichend gelitten, seid ihr genügend in das Licht verliebt, um euren Aufstieg energisch in die Hand zu nehmen und somit auch an dem der Welt teilzuhaben?

Ihr sagt natürlich ›ja‹! Aber was drängt euch zu diesem Ja? Der Kopf oder das Herz? Das gute Bewußtsein oder das Bewußtsein der Wirklichkeit ... einer gewissen Dringlichkeit?

Sein oder handeln? Warum überhaupt solche Fragen stellen? Die rechte Hand fragt auch nicht danach, ob die linke eine Existenzberechtigung hat! Ein gewisser ›Intellektualismus des Geistes‹ schadet den meisten Milieus, in denen man sich damit brüstet, der Sache des Lichts zu dienen. Das ›aufgestachelte Ego‹ wird dort wie überall gepflegt ... und lädt sich dabei eine zusätzliche Verantwortung auf, da es kein mangelndes Wissen als Grund vorschieben kann.

So nehmen auch die Figuren auf dem Schachbrett der Weltregierung Platz. Mit der christlichen Macht, die von Natur aus die einzige wahre Revolution bleibt, kann man nicht mittels philosophischer Argumente Kontakt aufnehmen. Sie verlangt nach der Materie als Hauptverbündetem, das heißt nach der Verankerung jedes Wesens im aktiven Handeln. ›Das Herz auf Fingerspitzen tragen‹ könnte seine Devise sein, eine Devise, die ständig rät, vom *kritischen Zustand zum christlichen Zustand* überzugehen.

Ich weiß ... wenn man solch einen Ausdruck benutzt, dann löst man Lächeln aus oder man macht angst. Christlicher Zustand ... Bedeutet dies, daß wir alle die Kapazität in uns haben, ein solches Niveau zu erreichen? O ja, ich versichere es euch! Nur müßt ihr natürlich auch den Sinn einer solchen Aussage verstehen, damit diese nicht euer Ego noch weiter aufbläst. Ein christlicher Zustand ist auf keinen Fall ein festgelegter Zustand, durch den jedes Wesen, das einen Zugang dazu gefunden hat, seine Rolle mit der Jesu, des historischen Christus, vergleichen kann. Der christliche Zustand stellt einen Zustand ständiger Verwandlung dar, der jeden Tag allen Lebensebenen mitgeteilt wird und der vom Ich zum All, von der Zelle zur Globalität des Wesens wandert. Bitte vergeßt niemals, daß die Erweckung des christlichen Bewußtseins in eurem Herzen niemals bedeutet, ›Christus zu sein‹! Dies bedeutet lediglich, daß man im eigenen Inneren Platz macht für das unbeschreibliche Bewußtseinsfeld, das er verkörpert. Dies bedeutet aber auch, an seiner Natur teilzuhaben und mit ihr eins zu sein und sich freiwillig für seine Mission zu engagieren.

Ihr müßt wissen, daß jeder in sich all diese Konzepte realisieren kann. Für niemanden ist dies unerreichbar. Dies ist ebenso sicher wie der Sonnenaufgang jeden Morgen! Die innere und grundlegende Revolution, die dies voraussetzt, macht keinen Unterschied zwischen Sein und Handeln. Sie ist wie ein Baum in dem Sinne, daß sie nicht die Wurzeln bevorzugt zuungunsten der Äste oder umgekehrt. Das Verständnis dieser Mechanik ist von einer umwerfenden Einfachheit, aber nur wenige schaffen es wirklich, diese Mechanik zu integrieren.

Die Weltregierung, deren Existenz ich bereits erwähnt habe, tut alles, um die Manifestationen des Seins und des

Handelns zu zügeln, um so das Bewußtsein der Menschen zu nivellieren; dies ist jedoch eine einmalige Chance auf dem Weg zur Suche nach christlicher Reife. Der größte Teil der Erdbevölkerung ist heute mit seinen eigenen Ängsten konfrontiert – oder wird dies bald sein! Damit ist er in einer idealen Situation für eine noch nie gekannte ›christliche Revolution‹. Der so entdeckte tote Punkt ist so deutlich, daß er nach der entscheidenden Revolution verlangt.

Jedes Mal, wenn ihr euch gegen eine solche Notwendigkeit auflehnt, dann tut das Leben früher oder später alles, um euch auf diese oder jene Art und Weise die Schlacken zu zeigen, die eure Seele im Laufe der Zeit angehäuft hat.

Welches sind die möglichen Lösungen, liebe Freunde? Mit dem Hindernis eins zu werden und, indem ihr es von innen besichtigt, es wie auch eure eigenen Atome kennenzulernen ... denn es handelt sich um eure Atome, wie ihr wißt, die umgewandelt werden wollen. Die Revolution betrifft sie in erster Linie. Sie berührt eure genetische Wirklichkeit!

Als vor zweitausend Jahren Christus, seine Jünger und die Essener Bruderschaft ihr Werk vollendet hatten, hatte dies den genetischen Code der Menschheit verändert. Ohne es zu wollen, war das kollektive und individuelle Bewußtsein von ihrem Siegel geprägt worden. Und diese Wirklichkeit werden einige Forscher sicherlich bald beweisen können, denn eine Spur davon ist in der DNS geblieben. Auch wenn diese Wirklichkeit im allgemein menschlichen Verhalten nicht abzulesen ist, so ist sie doch eine wichtige Vorstufe zu der Veränderung, die demnächst eintreten wird. So wird eure ›Grundkodifizierung‹ erneut eine Veränderung erfahren, und ihre Folgen werden radikal sein, denn die ›Ankunft von Christus‹ in einem jeden wird ein wesentlich effektvolleres Phänomen sein als zu Zeiten der Evangelien. Ich möchte sagen, sie wird ›greifbarer‹ sein.

Dies soll jedoch nicht bedeuten, daß die Schwierigkeiten plötzlich wie mit einem Zauberstab verschwunden sein werden; nein, sie werden vielmehr eine neue Vision der Welt auslösen und die Wiedergeburt einer großen Zahl von Wesenheiten. Und diese werden an immer neuen Ufern mit anderen Wirkungsweisen andocken ... Und wenn das Denken seine Logik und seine Bezugspunkte verändert, dann hat dies notwendigerweise eine Veränderung der physischen Gesetze zur Folge.

Dies bedeutet auch, daß der menschliche Körper neue Möglichkeiten entdecken wird und daß die Gesetze dieser Welt beginnen werden, anderen Gesetzen zu gehorchen. Es ist allerdings nicht so, als hätten diese Gesetze nicht bereits vorher existiert, nein, nur war der Zugang zu ihnen nicht möglich ... So ist erneut ein Schleier zu zerreißen ... gewiß nicht ohne Schmerz, wie bei allem, was zerrissen wird, aber auch mit unendlich viel Hoffnung.

Dies ist also ein Zeichen der ›Ära der Taube‹, von der Jesus oft gesprochen hatte, eine Ära der Revolution, die eine große Menge von Menschen dazu bringen wird, wieder Verbindung mit ihrer tiefen Zärtlichkeit aufzunehmen und diese durch Meinungen und Handlungen zum Ausdruck bringen zu lassen.

Mit Hilfe dieses Weges ist der Zugang zum himmlischen Jerusalem oder, wenn ihr wollt, zur Inkarnation des Shambhalla-Prinzips auf Erden immer deutlicher und leichter zu verwirklichen.

Die Schwingungsebene von Shambhalla, aus der unter anderem die Essener-Bewegung stammt, gehört nicht zum Traumbereich. Ihr habt die Aufgabe, sie zu realisieren, wie ihr auch das babylonische Rom-Prinzip manifestiert habt, in dem ihr euch heute verstrickt habt.

Laßt mich euch erklären, daß in diesem Augenblick Shambhalla an zwei Stellen eures Planeten bereits Wirklichkeit geworden ist. Der erste Punkt, sozusagen die Ausgangszone, liegt, wie jeder weiß, im Norden des Himalaja. Der zweite schwingt auf der Höhe der Anden im Schutze besonders ausgeprägter Hochtäler. Er steht in Verbindung mit gewissen sehr präzisen Punkten des Regenwaldes am Amazonas. Es handelt sich hierbei um eine wahre Botschaft christlicher und essenischer Vibrationen auf dem amerikanischen Kontinent, einem wichtigen Verstärker von dem, der euch ruft und der seit einigen Jahrzehnten allmählich aus seiner Verborgenheit auftaucht.

In der Tat unterhielt in alten Zeiten die ägyptische Kultur enge Beziehungen zum amerikanischen Kontinent. Elemente, die mit der feinstofflichen Anatomie unseres Planeten zusammenhängen, sind der Grund dafür, daß diese intensiven Kontakte vor allem mit der Andenkette stattfanden. Und diese Verbindungen waren besonders intensiv zur Zeit des Pharaos Amenophis III., dem Vater von Akhenaton, zu einer Zeit also, in der das gesamte initiatische Wissen, das sich über das Abendland ergießen sollte, strukturiert wurde. Während die Essener-Bewegung mit ihrer besonderen Sensibilität in den sehr begrenzten Kreisen dieser Zeit begründet wurde, entstand parallel dazu durch den gleichen Impuls eine analoge Bruderschaft in den Anden. Und letztere ist heute dabei, deutlich ans Tageslicht zu treten und ihren Beitrag zur einzig möglichen Revolution zu leisten.

Deswegen nimmt es nicht wunder, wenn man etwas höher im Norden von Lateinamerika vor einigen Jahren die Rückkehr von Quetzalcoatl feierte. Quetzalcoatl, die Federschlange, ist in diesem Teil des amerikanischen Kontinents das Fahrzeug des christlichen Grundbewußtseins. Symbolisch gesehen bedeutet die Einheit von Schlange und Federn die umwandelnde Einheit der Kräfte von Erde und Himmel. Erde und Luft stellen stets das Handeln und das Sein dar. So ist also das Wiederauftauchen von Quetzalcoatl als das Hinabstürzen der christlichen Taube in die dichte Materie zu interpretieren.

Die Revolution von Kristos, die der Essener und die einer Myriam von Magdala muß sich gerade durch eine Metamorphose der menschlichen Sprachen manifestieren.«

»Könntest du etwas präziser sein, Bruder …?«

»Ich kann es nicht nur, sondern es ist mir sogar äußerst viel daran gelegen, denn die Frage der Sprache ist hier grundlegend. Die Sprache und die Wörter sind in der Tat eine der Urmanifestationen der Ehe von Sein und Handeln. Gehört der Laut nicht gleichzeitig zum Reich des Subtilen und des Dichten? Und steht nicht irgendwo, daß das Wort der Motor der Schöpfung war? Analog heißt dies doch auch, daß die Laute, die aus eurer Brust kommen, eine Schöpferkraft haben. Sie rufen Welten hervor, die zunächst noch feinstofflich sind, weil sie der ätherischen Wirklichkeit angehören, werden dann aber immer dichter ... denn der Geisteszustand, den sie hervorrufen, fordert zu handeln. So erbaut oder zerstört ihr durch eine einfache Lautschwingung einen großen Teil der Realität, in der ihr lebt.

»Nun sag mir doch mal, was man bezüglich der Sprache in der Gesamtheit der menschlichen Gesellschaften und in unserer abendländischen Gesellschaft insbesondere feststellen kann?«

»Meinst du den offenbaren Niedergang der gesprochenen Sprache?«

»Genau, aber ich würde eher von einer ›Verwesung der Sprache‹ sprechen. Es ist logisch, daß eine gewisse Verwirrung im Denken eine Auflösung der Worte mit sich bringt ... auch das Umgekehrte ist wahr. Die Schwingung eines Wortes formt das Bewußtsein, das das Wort aufnimmt oder von dem es ausgeht. Ihr könnt sicher sein, daß, sobald ein gemeines oder einfach nur destrukturiertes und entvitalisiertes Vokabular zum täglichen Brot eines ganzes Volkes wird, dies ein sicheres Zeichen dafür ist, daß das Wortmaterial in seine Selbstvernichtungsphase eingetreten ist.

Ihr könnt sicher sein, daß diese Feststellung nichts mit einer Moral zu tun hat. Das Universum kennt keine Moral, da diese willkürlich ist. Deswegen spielt dieser Begriff auch keine Rolle bei der Suche nach der absoluten Liebe. Moral ist ewas unvermeidlich Menschliches ... aber wir sind auf der Suche nach dem Übermenschlichen!

Wenn man etwa sagt, ›dieses oder jenes Wort ist nicht zu

benutzen, weil es nicht schön oder nicht korrekt ist‹, so bedeutet dies absolut nichts, denn es handelt sich um eine Reflexion, die nur ein willkürliches Urteil widerspiegelt.

Wenn man dagegen versichert, ›ich benutze dieses oder jenes Vokabular nicht, weil ich weiß, welche Art von Schwingung oder Idee es hervorruft‹, so ist dies logisch und ein Zeichen von verantwortungsbewußter Haltung. Jeder muß heute das Warum der Dinge zu verstehen versuchen, bevor er gemäß einem Schema vorbestimmten Denkens reagiert. Ich schlage euch also vor, wenn ihr die Seele und die Größe echter Revolutionäre in euch verspürt, nicht länger zu warten, um eure Sprache zu verändern. Ich sage euch nochmal, die Sprache ist die Quelle und der Verstärker einer großen Zahl eurer Verhaltensmuster. Jeder Laut erzeugt eine Energiemasse, die sich sowohl in eurem eigenen Aurafeld als auch in dem der Welt bewegt.

Es hat gewiß keinen ästhetischen Grund, daß man die Essener zu ihrer Zeit ›die Männer mit der Stimme aus Milch und Honig‹ nannte. Allein ihre Kunst zu sprechen und die Wahl ihrer Worte, aber auch die davon ausgehende Vibration der Liebe erklären schon einen Teil ihrer Wirkung. In dieser Beziehung waren es wirklich außerordentliche Menschen. Und dieses Außergewöhnliche, das ihnen innewohnte, sollte für die reife Menschheit die Regel sein. Warum also nicht schon heute auf diese Richtung hinarbeiten? Dies heißt aber nicht, daß man eventuell in Lüge oder Heuchelei verfallen soll. ›Die Sprache aus Milch und Honig‹ ist auch eine ehrliche Sprache, bei der man kein Blatt vor den Mund nehmen muß. Richtigkeit, Einfachheit und die Schönheit der Worte rufen automatisch das Edle und Positive hervor. Aber vergeßt auch dies nicht, liebe Freunde: Es ist entschieden besser zu schweigen, als dem anderen eine Wunde zu schlagen. Wie viele Wunden schließen sich nicht mehr, weil sie von der scharfen Spitze einer Zunge geschlagen wurden!

Die Revolution Christi, die selbst im Inneren des römischen oder babylonischen Prinzips, wie auch im Inneren des

Vatikans unserer Ideen stattfindet, führt selbstverständlich zu einer starken Sprache. Und ich meine damit eine Stärke, die umwerfen und stören muß, aber nicht etwa eine Energie, die verletzt und schmerzhafte Narben hinterläßt.

Engagiert euch nicht in einer Armee. Eine Armee ist da, um Krieg zu führen ... selbst wenn sie heuchlerisch vorgibt, sie sei nur da, um den Frieden zu sichern. Die menschlichen Machthaber sind sehr geschickt im Umgang mit solchen Begriffen, um ihre Ziele besser verfolgen zu können. Die Idee des Friedens wurde in ihren Händen nur leider meistens zu einem Kampfargument wie alles andere auch, ein Werkzeug zur Manipulation der Massen. Jeder möchte seinen eigenen ›Frieden‹ installieren, das heißt im Grunde die Art von Waffenruhe, von der er am besten profitieren kann.

Das wahre Gesicht der Revolution im Sinne christlichen Bewußtseins kann euch nicht in diese Art von Dynamik eintreten lassen, die auf Lügen basiert.

Deshalb bleibt neben der Entschlossenheit und dem Wagemut, die man als Zugang zu diesem Bewußtsein in sich braucht, auch die Authentizität ein grundlegender Faktor. Das Problem ist weniger, anderen gegenüber zu lügen, als sich selbst anzulügen. Die Selbstverdummung ist ein schleichendes Gift, das die Schlacken des inkarnierten Wesens verstärkt und die Beziehungen zur Welt komplexer gestaltet und schwieriger zu entwirren macht.

Macht endlich den entscheidenden Schritt! Sprecht eure Einladung an den christlichen Geist aus! Und bedauert nie euren Schritt, ja, dreht euch sogar nie mehr um ... Ihr wißt noch nicht, daß der Platz in eurem Herzen unbegrenzt ist, um eine solche Einladung auch entsprechend begleiten zu können. Drückt eure inneren Mauern auseinander! Dies sind nur bewegliche Wände. Erlaubt euch, endlich die wahre Freiheit zu lieben!

Das Rom-Prinzip erlaubt euch natürlich, verliebt zu sein; und dies gibt euch das Gefühl, so frei zu atmen, wie dies euch gut dünkt. Es erlaubt euch jedoch nicht, *liebevoll* zu werden, was etwas ganz anderes ist. Um diesen völlig neuen Zustand zu entdecken und zu empfangen, müßt ihr euch, ohne euch dabei bloßzustellen, aus den Mechanismen des ›banalen Bewußtseins‹ mit seinen Ritualen befreien. Ich wiederhole mich nicht ohne Grund, liebe Freunde ... Denn ich weiß, wie schwierig diese Einladung auszusprechen ist!

Segnet also dieses straff gespannte Seil des jetzigen Lebens und der heutigen Zeit. Denn mehr als meine Worte bietet es euch die zauberhafte Gelegenheit, euch mit dem zu vereinen, das, über allem, in euch und außerhalb von euch *ist* und *handelt ...*«

Siebtes Kapitel

Benjamin

Für uns alle führte der Weg von Jericho nach Jerusalem notwendigerweise über Bethanien. Bevor wir nun dieser Tage in den kleinen Ort kamen, sahen wir am Rand eines Feldes eine uns bekannte Gestalt. In ihrem braunen Gewand mit gelben Fransen erkannten wir sofort Martha, eine nahe Verwandte von Myriam. Mit ein paar anderen Leuten sammelte sie Steine in einem kleinen Feldstück auf.

Lautlos näherten wir uns, und der warme Südwind ließ unsere Haare flattern. Sofort hob sie den Kopf und schaute in unsere Richtung, als wüßte sie, daß wir da waren. Ein paar schnelle Schritte, und sie warf sich dem Meister zu Füßen, der sie eilends aufhob und ihr beide Hände drückte.

»Du bist wieder zurück«, stammelte sie.

»Wir sind wieder zurück«, antwortete er und drehte sich zu uns um. »Was wäre ein Herz, gebe es keinen Körper, der sich seinem Schlagen öffnen kann?«

Wir lachten alle und folgten Martha, die erneut die Pforten ihres Hauses für uns öffnete. Dieses lag im Zentrum von Bethanien, ein einfaches Haus, wie es viele hier gab, mit einer Terrasse als Dach, auf der man gut schlafen konnte, einer Zypresse, einigen stark duftenden Pflanzen und einem Feigenbaum, der gegen einen als Stall dienenden Schuppen wuchs. Wir mochten diesen Ort, mit dem, wie auch bei Myriams Haus, so viele Erinnerungen bereits verbunden waren.

Auf dem Weg hierher hatten wir die drei Kinder unserer

Gastgeberin gesehen; sie hüteten eine kleine Herde von etwa zwanzig Schafen und flochten dabei Weidenkörbe, die sie dann auf dem Markt zu verkaufen versuchten. Martha lebte allein hier, denn ihr Gatte, der sehr viel älter gewesen war als sie, war einige Jahre zuvor von dem Allmächtigen heimgerufen worden.

Bevor wir in das Haus eintraten, wuschen wir uns die Füße mit frischem Wasser aus einem riesigen Krug. So verlangte es die Gewohnheit, und es war angenehm, diese auch zu respektieren. Man sagt, daß wir so die Erde dessen, der uns empfing, besser atmen können, und gleichzeitig war es eine Art und Weise, ihn besser zu verstehen und zu ehren.

»Vergeßt nicht, daß mein Vater auch zu euch spricht durch die Ohren, die er in euren Fersen geöffnet hat«, hatte der Meister uns erklärt, als wir eines Tages dieses Ritual gewiß ein wenig zu mechanisch durchführten. »Wenn ihr ihn braucht, hebt ihr leicht die Augen zum Himmel, vergeßt aber dabei, daß man oft sein Dasein erkennt, indem man sich zur Erde hinbeugt. Eure Füße sind das Abbild eurer Augen und eurer Ohren; sie können erkennen, hören, auch beten ... und sogar von euch reden.«

Statt in Marthas Haus einzutreten, ließ der Meister wissen, daß er lieber draußen bleiben wolle. Wir waren ein wenig erstaunt, denn der warme Wind, der aus Richtung Wüste blies, war seit dem Morgen voller trockener Grasbüschel und voller Sand. Einer der Söhne von Martha, der uns gefolgt war, ging sofort Wein holen, den er uns in einem vollen Krug anbot, während ein paar Becher schnell unter uns die Runde machten.

Während wir gerade dabei waren, uns auf den Boden zu setzen, ertönte ein Lärm aus einer der kleinen Gassen und ließ uns aufhorchen. Es handelte sich offenbar um das Geräusch eines trabenden Pferdes, das auch bald an der Ecke eines der Häuser auftauchte. Ein Mann mittleren Alters saß im Sattel, während das Tier hinter sich eine Art improvisierte Tragbahre zog, auf deren schiefer Ebene ein bewegungsloser

Körper lag. Das Pferd kannte diesen Ort offenbar gut, denn es blieb von sich aus an einer steinernen Tränke an der Straßenecke stehen.

Einige von uns gingen diesem seltsamen Gespann entgegen, da sie etwas Schwieriges ahnten. Der Mann war ganz außer sich; Schweiß lief an ihm herunter, die Hand war voller Blut, und er tobte fast, als er sich an die Leute aus unserer Reihe wandte, die ihm entgegengegangen waren. Nach einigem Gezeter brachten unsere Kameraden ihn und sein trauriges Gespann zu uns.

»Etwa eine Meile von hier ...«, begann er mit tonloser Stimme, als er nur noch ein paar Schritte von uns entfernt war. Seine Augen waren voller Haß, und wir hatten das Gefühl, als würde er uns seine Worte ins Gesicht speien, als seien wir verantwortlich für das, was er gerade erlebt hatte.

»Etwa eine Meile von hier. Fünfmal sind sie wieder zurückgekommen! Eine ganze Truppe ... vielleicht zwanzig Mann ... wie ihr hier! Sie bedrohten uns, wir mußten ihnen unsere Schafe geben, die sie dann in Bethlehem auf dem Markt verkaufen wollten.«

»Aber warum?« fragte Simon-Petrus, der die Zügel des Pferdes ergriffen hatte. »Haben sie es dir gesagt?«

» ... Natürlich des Geldes wegen! Sie wollen immer mehr davon für ihre Revolution. Sie arbeiten, wie es scheint, für das alte Volk von Kanaan ... für uns! Und deswegen müssen wir sie auch ernähren und unterbringen. Ich habe nichts mit ihrer schönen Revolution zu tun! Heute morgen hatten wir die Nase voll, und wir haben nein zu diesen Banditen gesagt. Seht her, wie sie meinen Bruder zugerichtet haben! Sie haben ihn getötet ...«

Der Mann brach in Tränen aus und wollte wieder auf sein Pferd steigen, als der Meister, der bis dahin nicht in Erscheinung getreten war und den wir auch nicht hatten kommen sehen, ihn an seinem kurzen Gewand packte.

»Wo willst du hingehen, Bruder?«

»Zu den Römern«, war die trockene Antwort. »Zum

ersten Posten, den ich auf der Straße finden kann. Ich werde ihnen alles berichten.«

»Weißt du genau, wer dies getan hat?«

»Natürlich. Es sind immer dieselben … seit einem Jahr schmarotzen sie in der Gegend herum! Es handelt sich um Jeshua, den Rabbi aus Nazareth, mit seiner Truppe. Die Römer suchen ihn übrigens auch schon!«

Uns stockte der Atem, so geschockt waren wir über das, was wir gerade zu hören bekamen.

»Ich bin der Rabbi Jeshua«, sagte der Meister ganz ruhig und blickte ihm dabei fest in die Augen. »Schau mich an und verstehe, was dies zu bedeuten hat. Aber steige zunächst einmal von deinem Pferd …«

Der Meister hatte diese Worte mit ungewohnter Schärfe ausgesprochen, und wir tauschten … überraschte Blicke untereinander aus. Auch der Mann, der zunächst noch voller Verachtung die Schultern gezuckt hatte, täuschte sich kaum mehr in ihm. Wie unter dem Einfluß einer fremden Macht stieg er ab, sagte aber kein Wort und folgte einfach der hohen weißen Gestalt des Rabbi, der ihn zur Mauer des Stalles, unter den Feigenbaum, führte.

»Kommt, kommt alle hierher …«

Martha und Myriam von Migdel hatten gerade noch Zeit, ein Leinen über den Mann zu werfen, der auf der Bahre lag, und schon waren wir alle um den Meister herum versammelt.

Der Mann lehnte an einer Mauer aus trockenen Steinen und schaute uns an wie ein armseliges Kind, das nicht recht weiß, wo es ist. Einer von uns reichte ihm etwas Wein, den er gierig trank, bevor er ein paar Worte sagen konnte.

»Warum soll ich euch glauben? … Gewiß siehst du ihm ähnlich mit deinen Haaren und deinem Gewand … na und? Hunderte gibt's in der Wüste, die so aussehen wie du und die sich Rabbi oder was weiß ich wie nennen … Sie haben alle ihren Kleinkrieg zu führen, ihre heilige Sache zu verteidigen …«

»Du hast recht, Bruder, und du beobachtest die Dinge

sehr genau. Wenn ich jeden Tag neben dir die Schafe hüten würde, dann würde mein Herz auch deinem folgen. Wenn der Schatten die Sprache des Lichts annimmt, wie soll man nicht eher wünschen, blind und taub zu werden? Ist die Welt der Römer nicht einfacher und beruhigender? Ich sage nochmal, wie sehr ich deine Zweifel und deine Revolte verstehe.«

»Warum sagst du mir dies alles, Rabbi?« stammelte der Mann verwirrt.

»Du nennst mich also jetzt auch schon Rabbi? Warum stellst du die Worte voll gerechten Zorns, die du gerade ausgesprochen hast, plötzlich in Frage? Du hattest recht ... Ich würde auch lieber dem Ewigen den Rücken zukehren, als in dem Zweifel derer zu leben, die vorgeben, in seinem Namen zu handeln. Mein Herz, genau wie deines, muß wissen, wohin es geht ... Mir wäre der Ernst von Cäsars Stimme auch lieber als die offensichtlichen Lügen eines hypothetischen himmlischen Vaters.«

»Weißt du, Rabbi, ich weiß nicht einmal, ob ich wirklich die Soldaten treffen wollte ... Ich will nur jemanden, der mir zu meinem Recht verhilft, der mir zuhört und dem ich glauben kann.«

» ... Deswegen hast du mich ja auch wieder getroffen ... Benjamin.«

»Ich habe dich wiedergetroffen? Aber wieso kennst du meinen Namen?«

»Er steht um dich herum geschrieben ...«

Der Wind hatte sich mittlerweile gelegt, und wir hörten nun das Summen der Bienen um uns herum.

Der Mann, den der Meister Benjamin genannt hatte, wischte sich den Schweiß von seinen grauen Schläfen und schaute uns eindringlich einen nach dem anderen an.

Philipp, der sich einen großen Turban um den Kopf gewickelt hatte, um sich gegen die aufkommende Sonne zu schützen, konnte sich ein Lachen nicht verkneifen, und dies beruhigte plötzlich alle Gemüter. Wir sahen, wie sich die

Gestalt des Meisters Benjamin näherte und wie er ihm seine Hand mitten auf die Brust legte.

»Erwache von diesem Augenblick an«, sagte er ihm, »weine nicht mehr um deinen Bruder. Auch er ist erwacht. Und dies sagt dir nicht etwa ein Rabbi, sondern ein anderer Bruder, der möchte, daß du dich daran erinnerst. Und nun höre mir zu, hört mir alle zu.

Diese Welt ist von Männern und Frauen bewohnt, die sich die Worte meines Vaters widerrechtlich aneignen. Gewiß war dies schon immer so, aber es ist heute wahrer denn je. Diejenigen, deren Seele und Körper nicht harmonisch abgestimmt sind, versuchen sich ein Licht anzueignen, das ihr Wesen noch nicht umfassen kann. Und damit seid ihr nun konfrontiert, und dies verwirrt euer Herz dermaßen. Kennt ihr viele Leute, die ganz offen die Sprache der Dunkelheit zu benutzen wagen? Auf allen Zungen sind Wörter wie Frieden und Recht ... Wörter sind stets wie dieser Lehm, aus dem man alle gewünschten Formen bilden kann.«

»Du bist also einer Meinung mit mir, Rabbi! Alle diese Menschen lügen, die, die meinen Bruder im Namen einer ›heiligen‹ Rebellion getötet haben, die, die überall predigen, und auch die, die sich in den Tempeln aufhalten.«

»Nein, lieber Freund, sie lügen nicht ... Sie kennen natürlich die Lüge, benutzen sie aber nicht so oft, wie du glaubst. Jeder von ihnen lebt in seiner Welt, hat seine eigene Sicht vom Sinn eines Wortes und ein Ideal, das genauso hoch ist wie der Blick, den er auf die Dinge werfen kann. Der Vater der Gerechtigkeit, auf den sie sich beziehen, ähnelt ihnen. Er spricht unentwegt von Ehre und von Macht ... Und deswegen sage ich dir, sie lügen nicht ... sie belügen *sich*! Sie leben ihre Lüge gegenüber der Macht, die wirklich in ihnen ist ... und staffieren ihren Vater, meinen Vater, mit ihrer eigenen Maske aus. Sie haben ihre eigene Logik, und was für dich ein Übel ist, ist in ihrer Sicht der Dinge gut und gerecht.«

Judas Ischariot, der neben dem Feigenbaum stand, reagierte heftig:

»Wieso das, Rabbi? Willst du damit sagen, daß es kein absolutes Wohl gibt, weil jeder es auf seine Art und Weise interpretieren kann; dies ist doch ein Widerspruch zu all unseren Schriften.«

» ... Entscheidend ist nicht, ob dieses oder jenes Wort die Schriften bestätigt oder ihnen widerspricht! Es zählt im Grunde nur die Tatsache, daß ihr euren Weg in einer Zeit findet, die auch die eure ist. Aber habe ich etwa gesagt, es gebe ein absolutes Wohl? Ich lehre euch lediglich, daß es ein Wohl mit den Augenfarben eines jeden von euch gibt; wenn ihr dieses akzeptiert, ist dies lediglich der Ausdruck von ein wenig Liebe und Mitgefühl.«

»Rabbi, Rabbi ...«, murmelte schüchtern Martha, die sich dem Meister genähert hatte, um seine Füße mit einigen frisch gepflückten Kräutern zu massieren, »ich verstehe die Liebe, die du uns lehrst ... jedoch führe ich ein schlichtes Leben und leide nicht. Aber schau, unser Bruder Benjamin. Ich weiß nicht, was diese Liebe für ihn bedeuten kann. Heute hat der Tod seine Familie heimgesucht. Wie kann ich von dem Guten in dem Herzen derer sprechen, die das Leben seines Bruders beendet haben? Ich glaube, niemand unter uns ...«

»Ich habe auch gar nicht die Absicht, so zu ihm zu sprechen, Martha. Wenn das Leben dieser Welt so ist, daß die Seele eines Menschen einer Wüste gleicht, wie kann man dann dort einen Baum pflanzen wollen? Zunächst muß man etwas Wasser dort entspringen lassen ... und Wasser sprudelt immer dann, wenn man gräbt, denn es ist, wenn auch oft vergessen, seit Ewigkeit in den Tiefen der Erde vorhanden.

Du erwähnst Benjamin, den mein Vater uns hierhergeführt hat; aber ich spreche auch von euch allen hier, denn die Revolte eures Bruders ist auch sehr oft in euch selbst.

Das Wasser, die Quelle entspricht dem Blick, mit dem ihr euren Weg anschaut. Es ist jedesmal vergiftet, wenn ihr euch auf das Opfer in euch beruft. Es wird erfrischend, sobald ihr den Jünger durch euch sprechen laßt. Wenn ich zu euch spreche, dann richte ich mich an den Jünger ... Nicht an *meine* Jünger, sondern an die der aufsteigenden Macht. Jeder wird weinen über das, was in ihm verbrennt, aber nur wenige bemerken, was aus ihrer Asche entsteht!

Während zweimal tausend Jahren wird sich die Asche in und um euch ablegen. Was macht ihr damit? Wenn ihr euch darüber beklagt, wird nur ein Geruch von Leiden daraus aufsteigen … Aber bin ich gekommen, damit ihr euch beklagt? Ich bin da, damit ihr wißt, was sich in Wirklichkeit hinter den Tränen und der Asche, hinter dem Wasser des Himmels eurer Seele und der Erde eures Fleisches verbirgt. Wenn diese Zeit vorbei sein wird, dann werde ich erneut unter euch sein, nicht als Richter, sondern als Offenbarer. Viele geben vor, meinen Namen zu tragen, obwohl sich unsere Blicke kaum gekreuzt haben. Ich werde warten und beobachten … und dann werde ich wiederkommen, dorthin, wo man mich wirklich rufen wird, das heißt dahin, wo der Winter den Sommer vorbereitet hat und der Herbst bereits das Frühjahr eingeträumt hat. Es wird eine Menge Priester geben, die Cäsar ernannt hat, und eine Menge Männer, die sich selbst zum Herrscher proklamiert haben. Dies wird das Zeichen meiner Anwesenheit sein. Jeder wird König in seiner Wüste sein, Chef seiner eigenen Revolte, Hohepriester des Glaubens in seiner Ungewißheit. Ich sage euch, man braucht all diese Asche und noch mehr. Man braucht so viel Liebe, so unendlich viel Liebe …«

»Meister, du sprichst von dieser Zeit, die da kommen wird, als von einer Zeit großer Verwirrung«, wirft Myriam von Migdel ein. »Braucht man stets so viel Dunkelheit, damit du kommst? Sollen wir den Schatten segnen, wie ich auch Saul gesegnet habe, um endlich den Ruf deines Daseins zu erhalten?«

Eine etwas rauhe Stimme erscholl aus unserer Mitte: »Meine Schwester, meine Schwester, warum sagst du das? Du scheinst damit sagen zu wollen, unser Rabbi brauche den Shatan, um sich uns zu offenbaren! Kannst du dir das vorstellen?«

»Ruhig, Simon-Petrus ... Warum diese Irritation? Myriam sagt die Wahrheit ... Shatan ist die Lüge in euch, der stolze Herrscher, der noch in euch wohnt. Er ist es auch, der mich ruft. Warum dies verneinen? Die Schatten sind aus dem Licht geboren, verlangen nach Licht und kehren zum Licht zurück. Die Kraft, die mein Herz belebt, hat Cäsar geschaffen; denn durch seine Lügen und seine Verwirrung hindurch spricht er nur von dieser Kraft und bereitet so mein Kommen vor. Indem Shatan sich dagegen auflehnt, singt er die Lobpreisungen des Ewigen und öffnet die Tore zum Massiah ...«

»Bist du es, Rabbi? Du bist doch der Massiah? Bestätige dies noch einmal, damit auch Benjamin dies hören kann ...«, rief Simon-Petrus aufgeregt.

»Ich sage es dir, Simon, denn dein Herz muß es hören ... Aber ich sage dir auch, daß der Massiah der ist, der in euch von mir sprechen wird, wenn zweimal tausend Jahre verflossen sein werden. Dieser Massiah murmelt bereits leise in eurer Brust. Für ihn führe ich diese Revolution. Und siehst du, deswegen ist auch Rom mein Verbündeter. Deswegen haben auch die Priester und Könige, die meine Worte und mein Bild verformen, die volle Freiheit, dies zu tun. Kennst du einen Vogel, der anders zu fliegen gelernt hat, als sich eines Tages in den leeren Raum zu stürzen? Deswegen mußte Benjamin auch Schmerz und Wut kennenlernen. Seine Seele wußte, daß sie mit Riesenschritten auf mich zukam. Sie wußte, daß die Zeit gekommen war, mich kennenzulernen ... denn das Bewußtsein seines Bruders und die Maske dieses anderen Jeshua haben dieses äußerste Ersticken vorbereitet, dessen sie noch bedurfte.«

Das Geräusch von nackten Füßen, die über den Boden liefen, ließ uns aufhorchen. Und bald sahen wir nahe an einem großen Lorbeerstrauch, der wild an einer Ecke dieses kleinen Platzes wuchs, eine weibliche Gestalt auftauchen, die sich uns mit großen Schritten näherte. Als sie ganz außer Atem bei uns angekommen war, erkannten wir in ihr eine junge Frau. Sie hieß ebenfalls Martha, und wir hatten sie schon öfter in der Nähe des Meisters gesehen, wenn er in dieser Gegend lehrte. Wir standen alle auf, um sie willkommen zu heißen, denn in den Augen aller gehörte sie zu dieser Familie, deren Mitglieder wir waren und deren Bande stets ohne jedes Alter sein werden.

»Hast du ihn immer bei dir?« fragte sie der Meister und bat sie, sich zu uns zu setzen.

»Natürlich Rabbi, er verläßt mich nicht!«

Der Ton ihrer Stimme war freudig, wie der eines kleines Kindes, offen gegenüber all dem Glück des Lebens. Gleichzeitig bemerkte aber der, der zu lesen wußte, in ihren Augen diese Art von Nostalgie, die so typisch ist für Reisende, die das Heimweh plagt.

Dank der Frische, die von Martha ausging, konnten wir nicht anders als sofort den Tag wieder heraufzubeschwören, an dem der Meister ihr eine sehr spezielle Aufmerksamkeit geschenkt hatte.

Es war vor einem Jahr. Wir waren nur zwei Schritte von einer dieser kleinen Grotten entfernt, die der Essener Bruderschaft oft als ›bethsaïd‹ diente. Mit ihren beiden Brüdern und ihrer Mutter war Martha die Wächterin dieser Grotte; sie webte stets Linnen, und als wir dieses Mal bei ihr vorbeikamen, war sie gerade dabei, eine Stola mit blauen Fransen fertigzustellen, die sie dem Meister schenken wollte. Wir aßen Datteln und tranken etwas Milch, als sich der, der uns lenkte, auf eine unerwartete Art und Weise an sie wandte.

»Kleine Schwester Martha«, sagte er, »deine Augen lächeln, aber ich vermisse darin das Lachen von früher ...«

Zunächst antwortete Martha nicht, sondern senkte sogar ihren Blick ... Aber schnell sammelte sie sich wieder und öffnete mit der für sie so typischen Spontaneität ihr Herz.

»Jeshua«, meinte sie in vertrautem Ton, » ... Rabbi, alles ist hier in Bewegung. Jeder gibt vor, die Wahrheit zu lehren. Die Römer wissen, was für uns gut ist, die Priester ebenfalls, die Zelotenbrüder versprechen uns tausend Dinge, und es gibt kaum einen Neumond, ohne daß nicht ein neuer Prophet uns in seinen Bann ziehen möchte. Jeder möchte uns aus unserer Armut befreien. Noch nie habe ich unsere Welt so zerstritten gesehen. Der Ewige scheint sogar all denen, die lügen und unruhig werden, recht zu geben. Viele sprechen von Liebe und von Befreiung ... aber *wer* liebt und *wer* befreit? Tausendmal habe ich in mich hineingeschrien, daß ich mein Leben dem Namenlosen hingeben möchte ... Aber ich weiß nicht, wie. Dir folgen? Hier gibt es die Schafe, die ich hüten muß, und das Leinen, das ich weben und anschließend in der Stadt verkaufen muß. Die Felder sind so voller Steine! ... Und die jungen Männer im Dorf ... und dann dieser Händler aus Beth Sean, der mich seit mehr als zwei Jahren heiraten will. All dies scheint mir dermaßen im Widerspruch zu stehen zu der Möglichkeit, deinen Worten zu lauschen und dir zu folgen!«

»Erkläre mir diesen Widerspruch etwas deutlicher!«

»Du sprichst unaufhörlich, Rabbi, von einer neuen Weltordnung, von einer Revolution. Du rätst uns, wegen dieser tiefgreifenden Veränderung alles aufzugeben. Aber ich kann nur von der Arbeit sprechen, die meine Hände auch vollbringen können und die sie ausführen müssen, damit ich essen kann. Ich kann dir auch nicht verhehlen, daß ich gerne heiraten möchte. Wie du siehst ... jeden Tag verewige ich mich ein wenig mehr in dieser Welt, die du verdammst.«

»Martha«, unterbrach sie der Meister, »Martha, wer verdammt wen? Die Männer und Frauen selbst gehen von Urteilen zu Verdammungen über. Ich begnüge mich damit, in die Segel ihres Lebensbootes zu blasen, damit sie von Insel zu Insel fahren und dort andocken können, wo sie sich die echten Fragen stellen.

Nun laß dir einmal folgendes erklären: Wer verewigt Rom? Das Tuch, das man in der Stadt verkauft, und die Hochzeit, die man erhofft? Wenn ich dir sage, ›folge mir‹, dann heißt dies nicht unbedingt, daß du dein Linnen und deine Felder voller Steine verlassen sollst, sondern daß du sie zum Leben bringst, wie sie dir erlauben zu leben. Jede

Lebensform lächelt dir zu, sobald du meine Kraft darin verspürst. Der Weizen, der wächst, und die Steine auf deinem Stückchen Erde hatten immer die Klarheit meiner Augen ... Hattest du dies bemerkt? Dies zu sehen bedeutet auch, mir zu folgen, heißt, sich in das Herz *meiner* Revolution aufzuschwingen. Und was den Gatten betrifft, den du dir erhoffst – wenn du ihn aus Liebe liebst, warum soll er dich Cäsar näherbringen?«

»Aber du hast uns selbst gesagt, Rabbi«, warf Levi ein, »daß man nicht gleichzeitig zwei Herren dienen könne. Man müsse zwischen Rom und dem Ewigen wählen!«

» ... Und ich sage euch auch folgendes, was ihr euch in eure Seele eingravieren müßt: Es kann keine zwei Lieben geben. Es gibt die reine, echte und schöne Liebe. Ob sie nun zur Erde wandert, zu den Sternen oder zu meinem Vater, es ist immer die Liebe! Warum einen Unterschied machen zwischen menschlicher Liebe und göttlicher Liebe? Es handelt sich um die gleiche Kraft. Deswegen sage ich euch: Wer aus Liebe liebt und nicht aus einfacher Lust, erhebt seine Seele bis zum Firmament ... und das Firmament, meine Freunde und Brüder, begegnet mir öfter auf den Wegen und Feldern als im Allerheiligsten der Tempel. Ich werde zu deiner Hochzeit kommen, kleine Martha ... Die Kraft meines Vaters ist gleichzeitig Mann und Frau. Warum sollte sie etwas ablehnen, was in ihr vereint ist?

In Wahrheit wird das Wesen, das eine Familie im Namen der mir innewohnenden Kraft gründet und festigt, genauso sicher zu einem Priester auf seinem kleinen Fleckchen Erde wie der, der im Tempel die Gesetzestexte aufrollt.

Aber vergeßt auch folgendes nicht: Niemand gehört jemandem. Die Ehegatten gehören sich gegenseitig ebensowenig wie der Allerhöchste der Besitz der Priester ist ...«

»Aber wir gehören doch sehr wohl dem Allerhöchsten!« meinte erneut Levi und legte dabei dem Meister die Hand auf die Füße.

»Wir gehören dem Allerhöchsten, sagst du, Levi ... Aber

wer ist der Allerhöchste? Ist dies der perfekte Mensch, der in den Wolken thront, die den Berg Sinai verschleiern? Hat er es nötig, daß ihm irgend etwas gehört? Ist die Wirklichkeit nicht doch ganz anders, Bruder?

Scheint nicht dir das zu gehören, das sich außerhalb von dir befindet ... das heißt, was du nicht mit deinem Herz berühren kannst ... Was den Ewigen betrifft ... so *ist* er alles, alles ist Parzelle seines Körpers und seines Bewußtseins ... bis zur Freiheit, das Gegenteil hiervon zu behaupten. Er besitzt nichts, da er alles ist.«

Als der Meister seine Sätze beendet hatte, hatte Martha ihren Flachsstrang auf die Erde gelegt, um ihre Tränen zu trocknen ...

»Hilf mir, Rabbi«, meinte sie dabei. »Ich fürchte stets, daß der Sinn deiner Worte meiner Seele entgleitet. Ich habe den Eindruck, daß wir jedesmal, wenn du uns die Sonne schenkst, davon nur den Schein einer Öllampe in uns bewahren ... und wir werden wieder so schnell arm und blind!«

»Behalte dies als Erinnerung«, hatte der Meister geantwortet.

Und wir sahen, wie er drei Finger seiner rechten Hand zusammenlegte und diese gen Himmel streckte. Wir sahen, wie er sie sanft gegeneinander rieb, und unmerklich entstand an ihren Spitzen eine Form, so natürlich, daß wir einen Augenblick glaubten, sie sei schon immer dagewesen. Es war ein einfacher Kiesel, geboren aus der Luft, die wir atmeten, geboren aus dem Licht ... wir wußten es nicht.

»Nimm diesen Stein, kleine Schwester Martha. Er ist genau wie jene, die am Wegesrand liegen ... aber ich habe ihm ein Herz gegeben, welches das deine in Zeiten des Zweifelns und der Ungewißheiten ermuntern wird. Er ist die Erinnerung, das Band, das nicht bindet, sondern vereint. Trage ihn bei dir als Erinnerung an meine Gegenwart ... und liebe, liebe, liebe ohne Ende. Und so wirst du mir auch immer folgen!«

Ein Jahr war es nun her, daß der Meister diese Worte ausgesprochen hatte, und zweifellos hatte ein jeder von uns sie in seinem Innersten verwahrt, um sie stets vernehmen zu können, als stammten sie vom Vortage.

Nur Benjamin konnte nicht verstehen. Wie deprimiert stand er in der Nähe des Feigenbaums und hob ab und zu seine Handfläche in Richtung des Meisters, der uns lehrte. Sein Körper war unbeweglich, aber wir konnten uns denken, daß seine Seele in Bewegung war; gewiß zum ersten Mal versuchte sie, die Farbe und den Sinn eines jeden Schrittes zu erfassen, den sie bis dahin gemacht hatte.

»Da ist er, Rabbi«, unterbrach spontan die kleine Martha die Meditation, die ganz natürlich ihren Schleier über uns ausgebreitet hatte.

Aus einem ärmlichen Leinensäckchen, das an ihrem Hals hing, zog sie einen grauen Stein mit ockerfarbenen und rosaroten Streifen. Man konnte sich kaum etwas Unscheinbareres vorstellen ... Und doch ging er von Hand zu Hand, und als Benjamin ihn erhielt, konnte er seinen Tränenschwall nicht zurückhalten. Ungestüm stand er auf, vielleicht, um vor einer Kraft zu fliehen, die ihn wie eine Erinnerung überkam ... Wir alle hatten bereits ähnliches erfahren ... Dieses heilige Gefühl, endlich die Spur von etwas zu finden, das man verloren glaubte. Ein kleines Zeichen, das von ihm, von uns sprach ...

»Wo willst du hin, Benjamin?« fragte der Meister mit kräftiger Stimme.

»Zu meinem Bruder ... die Priester aufsuchen wegen der Bestattung, ein Leichentuch holen, ich weiß nicht!«

»Laß ihn doch schlafen ... und komm wieder hierher.«

»Hör doch endlich auf, Rabbi, in Rätseln zu reden!«

»Ich rede nicht nur für deine Ohren ... Aber geh zu deinem Bruder, wenn es das ist, was du willst.«

Benjamin entfernte sich langsam in Richtung seines Pferdes und seiner traurigen Last. Einer von uns wollte aufstehen und zu ihm gehen, um ihm eine letzte Hilfe anzubieten, aber der Meister winkte ab.

Schweren Herzens tauschten wir untereinander ein paar nichtssagende Sätze aus, und einige tranken den Rest Wein, der ihnen noch geblieben war.

»Bei meiner Rückkehr ...«, begann schließlich der Meister wieder, aber er wurde von einem lauten Schreien unterbrochen.

»Rabbi, Rabbi!« schrie Benjamin, den wir beim Ausschirren seines Pferdes wähnten.

Die hohe helle Gestalt des Meisters richtete sich sofort auf, und wir folgten ihm in Richtung der Schreie, die immer lauter wurden.

Bald war unsere Gruppe vor einem Heuschober versammelt.

»Er schläft, Rabbi, er schläft!« wiederholte Benjamin unaufhörlich, während das Wasser an ihm runterlief.

»Habe ich dir dies nicht gesagt?«

Auf der Bahre schien in der Tat ein mit einem Vierecktuch nur spärlich bedeckter Mann zu schlafen. Seine Brust hob und senkte sich im Rhythmus seiner kurzen Atemzüge, während seine Kleider voller Blut waren. Man sah so etwas wie eine Wunde am Kopf, die aber schon älter zu sein schien. Oder war sie nur das Produkt unserer Vorstellung?

In der Tat wußten wir alle nicht, was wir glauben sollten ... Vor ein paar Augenblicken hatte ein Mann tot dagelegen. Wir hatten ihn gesehen und ihn berührt ... Der Meister hatte ihn kaum angeschaut – und nun schlief er, wie ein Kind nach einer langen Reise.

Benjamin warf sich auf die Erde, als habe auch er eine der längsten Reisen hinter sich, die man sich vorstellen kann.

Kein Ton kam aus unseren Kehlen. Einige setzten sich ins Stroh, andere streichelten das Pferd, und wieder andere gingen hinaus in die Sonne, weil dies alles fast zuviel für ihre Seele war ... Myriam von Migdel, die beiden Marthas und ein paar andere wuschen bereits die Schläfen des Mannes, und schon bald war keine Spur mehr von geronnenem Blut zu sehen ...

»Bei meiner Rückkehr ...«, begann schließlich der Meister wieder und legte dabei seine Hände auf den Kopf von Benjamin, »bei meiner Rückkehr werde ich eure Erinnerungen zusammenfügen. Ich werde euch zusammenführen, denn jeder von euch ist eine Erinnerung. Und ich werde wie folgt zu euch reden: ›Was habt ihr verstanden? Was habt ihr getan?‹ Ihr wißt also, daß der Augenblick kommen wird, wo ihr nicht mehr einfach reden und meine Worte ausleihen könnt, sondern wo ihr durch alle Poren eurer Seele und eures Körpers meine Sonne ausschwitzen müßt. Wie diese beiden Männer hier habt ihr eine lange Reise hinter euch. Ihr werdet ein paar Leben und Tode mehr gelebt haben, und ihr müßt wissen, was ihr mit eurer Erinnerung daran anfangen könnt. Ihr müßt also wählen – entweder vertieft ihr noch ein wenig mehr den Haß, oder ihr sät entschlossen die Liebe.

Seht und versteht, liebe Freunde. Heute seid ihr an meiner Seite, aber nur so wenige sehen mich, nehmen die Augen wahr, die hinter meinen Augen sind und die euch sagen: ›Hört auf mit euren Tricks und mit euren Vorspiegelungen.‹ Es wird immer Männer und Frauen geben, die sich mit meinen Kleidern behängen. Ich hoffe, daß ihr niemals zu denen gehören werdet, um vielmehr in euch die wahre Revolution zu vollziehen, die die Ufer des Lebens und des Todes, des Verlustes und des Gewinnes vereint. Meine Revolution ist die des Wahren ... und das Wahre, dies sage ich euch, ist immer einfach. Nur Lügen und Vortäuschungen sind stets so kompliziert! Schreibt die Einfachheit des Wahren in euer Herz, graviert sie ein. Bei meiner Wiederkehr wird im Lächeln mancher eine Form von Treuherzigkeit sein – einige werden dies als Naivität interpretieren ... Ich dagegen werde darin ein Zeichen meines Zuhauses sehen. Ich werde mich in diesem Lächeln niederlassen, da, wo es nicht um Macht geht, sondern nur um die Kraft des Wahren.«

Nachdem der Meister so gesprochen hatte, öffnete Benjamin endlich seine Lider, und wir sahen in seinen Augen das Licht, das keine Schatten wirft ...

Als wir am nächsten Tag bereits auf der Straße Richtung Jerusalem waren, ertönte plötzlich das Geräusch eines galoppierenden Pferdes hinter uns. Es war Benjamin. Unter Judäas Sonne begann er seine Revolution. Von diesem Tag an und gemäß dem Willen des Meisters verließ er nicht mehr unsere Gruppe, die nunmehr, mit der kleinen Martha, einhundertacht Personen zählte.

Achtes Kapitel

Das Prinzip der Taube

Wieder einmal warte ich auf die Stimme in meinem Inneren, um meine brennenden Fragen zu beruhigen. Nur zu beruhigen ... Ich weiß, daß die Stimme sie nicht beantworten kann, denn niemand kann vollkommen auf die Fragestellungen eines anderen eingehen. Wir allein sind in der Lage, unsere Probleme zu lösen. Wir alleine, die wir auch deren Urheber sind ... Also warte ich auf die innere Stimme ... nur wegen des Schlüssels, den sie mir jedes Mal liefert.

Es ist schwierig, sich zu öffnen ... Soviel Lärm ist um mich herum ...! Heute hat das Radio seinen Teil an ›guten Meldungen‹ gebracht. Fünfzehntausend Arbeitsstellen werden zum Monatsende abgebaut, ein Attentat hier, ein Staatsstreich da, und eine Weltbank, die mit Zahlen jongliert, die jede Bedeutung verloren haben und bei denen man sich immer wieder fragt, woher sie kommen und wohin sie gehen. Schwierig, sich zu öffnen ...

Warum sich nicht einfach in eine Nostalgie flüchten, die unsere Wurzeln nährt und die vor zweitausend Jahren entstanden ist, und dann warten, ganz einfach warten. Warten, daß die Brandung kommt und geht. Warten vielleicht auch darauf, daß er wiederkommt.

»Warten? Genau das soll man nicht mehr tun!«

Genau ... da ist sie wieder, die Stimme! Sie dringt mitten in mein Bewußtsein, wie ein Licht, das sich mit der Schnelligkeit eines Blitzes verbreitet.

»Warten? Aber worauf willst du, wollt ihr alle auf dieser Erde warten? Daß er wiederkommt, meint ihr? Warum eigentlich? Er ist doch nie weggegangen! Er hat nur stillschweigend alles beobachtet. Er hat vielmehr darauf gewartet, und zwar zweimal tausend Jahre, daß ihr das Leben zu erkennen lernt und es zu verstehen beginnt.

Die Nostalgie? Ich sage euch ehrlich, ein solches Gefühl kann nur ein Gewicht sein. Seine romantische Schönheit destilliert einen Schlaftrunk. Nostalgisch in bezug auf was überhaupt? Auf die christlichen Zeiten? Aber die christlichen Zeiten sind wieder angebrochen!

Euer Bewußtsein hat eine beachtliche Wegstrecke auf der großen Wachstumsspirale zurückgelegt. Ein Zyklus ist abgeschlossen, und nun seid ihr erneut an dem Zeitpunkt angekommen, wo die Karten neu verteilt werden und wo die Einlage nochmals erhöht wird. Dies darf euch allerdings nicht erschrecken, höchstens anspornen ... Habt ihr nicht Lust und vor allem Verlangen auf etwas anderes als diese ewige Angst? Angst, keine Arbeit mehr zu haben, Angst vor den andern oder nicht ›anerkannt‹ zu sein, Angst, nicht ein wenig mehr zu besitzen ... Die Liste könnte sehr lang sein, aber man kann sie einfacher in ein paar Worten zusammenfassen: Angst, sich selbst anzuschauen!

Natürlich können sich all eure Ängste morgen bewahrheiten ... All diese Pappkartons, die jede Nacht auf den Bürgersteigen eurer Städte als Behausung dienen, haben eine Geschichte zu erzählen. Eine Geschichte, die nicht notwendigerweise von eurer sehr entfernt ist, eine Geschichte, die einem jeden passieren könnte. Werden dann eure Philosophie und Gewißheiten stark genug sein, um all dem Widerstand zu leisten? Ich sage euch ohne Umschweife: Nein! Nein, es sei denn, ihr öffnet ganz schnell und ganz weit das Tor für den, der euch nie verlassen hat, den ihr aber vor eurem Haus stehengelassen habt, auf dem Bürgersteig ... seit so langer Zeit!

Ja, ich bestätige allen, die etwas anderes als nur Worte

hören wollen. Christus ist wieder da. Sein Name stört euch? Ihr nennt ihn vielleicht lieber Maitreya oder Imam Maadi ... Dies hat keine Bedeutung, vor allem für ihn nicht. Ihr braucht ihn nicht unbedingt in den Kirchen zu suchen, denn er ist da, vor euch, in der Straße und in den Spalten der Zeitungen, im Herzen all der Hindernisse, die sich vor euch auftürmen oder die ihr umgehen wollt. Natürlich ist er nicht das Hindernis an sich, sondern das Licht, das aus diesem strömen soll, die unbekannte und schöne Quelle, die in euch ist und deren Kraft ihr noch verkennt.

Christus hat den Blick der Liebe, mit dem ihr eure Existenz betrachten sollt. Es ist nun an der Zeit, ihn in euch zu erkennen und euch frei zu machen von eurem Leichenhaus von Mann und Frau. Werdet einfach menschlich! Es gibt nichts, das wirklich spiritueller und demzufolge auch harmonischer ist als das echt Menschliche. Die Göttlichkeit ist nichts anderes als etwas wunderbar Menschliches im wahrsten Sinne des Wortes. Ich weiß ... ganz sicher ist dies eine Blasphemie! Aber wer bestimmt, was Blasphemie ist? Einige Beamte, die sich noch nicht von ihren Stellungskämpfen frei gemacht haben.

Ihr erinnert euch, daß sich Jesus in seiner Rolle als Christus als ›Menschensohn‹ bezeichnet hat. Hat euch eine solche Bemerkung nie erstaunt? Menschensohn oder Gottessohn? Und wenn es gar keinen Unterschied gäbe? Vielleicht reicht es aus, Mensch zu werden ... Einen menschlichen Körper und ein ebensolches Bewußtsein zu haben, reicht allerdings hierzu kaum aus, wie ihr jeden Tag selbst feststellen könnt.

Deswegen sind auch die christlichen Zeiten, in die ihr nun eingetreten seid, in erster Linie eine Zeit der Wahl. Die Schwierigkeit besteht darin, daß ihr nicht einfach in diese Zeit eindringen sollt, sondern auch akzeptieren müßt, daß diese in euch eindringt. Jeder Widerstand gegen einen solchen Prozeß hat unweigerlich eine Menge Leid zur Folge; und solange ihr euch nicht von euren mentalen Zysten trennen wollt, habt ihr auch nur Zugang zu einem mentalen Christus.

Eine mentale Zyste, liebe Freunde, ist eine Programmierung, eine Bindung an eine eurer christlichen Grundnatur fremde Energie.

Wenn ihr in der abendländischen Gesellschaft von offiziell errungenen Freiheiten redet, dann verdeckt dies lediglich die Tatsache, daß ihr nur alte Verpackungen durch neue ersetzt habt. Eure Herrscher haben nur die innere und soziale Fassade gewechselt. Aber es ist jetzt unnütz, eine solche Tatsache zu beklagen, solange ihr euch der engen Komplizenschaft mit ihr nicht bewußt werdet.

Rom regierte und beruhigte die Gemüter mit Brot und Zirkusspielen, während ihr im Schatten von Fernsehquiz und 20-Uhr-Nachrichten dahinschlummert. Jeden Tag informiert ihr euch über die aktuellen Entstellungen der Tatsachen und bleibt somit weiterhin fern von euch selbst.

Ihr träumt alle davon, Jünger und Begleiter Jesu gewesen zu sein? Und wenn auch die halbe Erdbevölkerung dazu gezählt hätte, was hätte dies auch geändert, solange die Herzen so bleiben, wie sie sind? Was vielmehr zählt, ist die Tatsache, daß ihr jetzt entscheiden könnt, ob ihr wirklich Jünger Jesu werden wollt, indem ihr nicht mehr gegenüber einer Entscheidung zaudert, die auf jeden Fall zu treffen ist …

Aber laßt mich dies etwas genauer erklären … Es handelt sich keineswegs um die berühmten ›guten Vorsätze‹, diese gehören bereits einer vergangenen Zeit an. Die Entscheidung, um die es hier geht und von der wir bereits ausgiebig gesprochen haben, heißt Revolution. Sie bedeutet den ›Verzicht auf verhärtete Schemata‹. Sie bezeichnet ferner das ›Aussäen von Liebe‹ dort, wo nicht das menschliche, sondern das menschliche Gesetz der Vergeltung herrscht. Die berühmte Mechanik des Karmas, die man beklagt oder auf die man alles allzu leicht abwälzt, basiert nur auf dieser falschen Logik, die das Fundament fast aller Gesellschaften der Erde ist. Es wird nun Zeit, dieses Prinzip aufzugeben. Zwischen dem, was die Welt euch zu tun erlaubt, und dem, was euer Herz in seinem Innersten weiß, was es tun soll, ist sehr oft ein solcher Abgrund, daß ihr ihn nunmehr nur überqueren könnt, indem ihr euch von der Zyste, von der ich gerade sprach, frei macht. Die Welt ist heute an einem solchen Wendepunkt angekommen. Ihr könnt euch nicht mehr zufrieden geben mit einem einfachen Vergessen oder einer Art von ›Miniverzeihen‹ gegenüber allem, was euch gegenüber wie eine Aggression auftritt.

Die kommende christliche Revolution wird entweder voll akzeptiert, oder sie wird nicht stattfinden. Ihr trinkt entweder wirklich ihr Wasser, oder ihr sucht weiter danach, indem ihr rechts und links unaufhörlich nach Brunnen bohrt.

Heute könnt ihr niemanden mehr täuschen, angefangen von euch selbst. Alles, was zum Lügenbereich zählt, sei dies nun kollektiv oder individuell, denunziert sich von selbst. Dem wahren Sein eures Wesens waren Begriffe wie Schiene oder Dogma stets fremd. Versucht dieses wahre Sein zu erfassen, und sofort werden die Schutzmauern all eurer Ängste nicht mehr existieren. Aber dafür gibt es kein Rezept! Das Leben und der Aufstieg, zu dem das wahre Sein euch unaufhörlich drängt, wurden euch ohne Gebrauchsanleitung geliefert, und dies ist auch gut so. Warum auch eine Gebrauchsanleitung für etwas, das sich laufend neu erfindet und ewig wächst? Das Göttliche breitet sich ständig durch euch aus, und ihr kostet jeden Tag mehr davon ... selbst wenn ihr euch verbrennt. Vor allem, wenn ihr euch verbrennt!

Ihr könnt sicher sein, daß die Agapen, zu denen das christliche Energiefeld euch einlädt, nicht auf ewig festgelegt sind. Die Liebe, an der ihr dabei teilhaben könnt, wird die unerwartetsten Formen annehmen und euch so auf Pfade entführen, die zu Wegen werden, dann zu Straßen und schließlich zu wahren Startbahnen.

Wer kann vorschreiben, daß ›man so leben muß, so denken muß und den oder das lieben darf‹? Nur euer tiefstes Wesen kennt den Rhythmus seines Atmens. Wenn es sich davon entfernt oder sich anschickt, dies zu vergessen, während es sich im Gewirr der Abhängigkeiten verliert, dann schneidet es sich von sich selbst ab und ebnet damit den Weg zur Entstehung von Krankheit.

Ich habe euch bereits gesagt, liebe Freunde, Christus ist wiedergekommen. Aber er kommt zunächst als eine Kraft, die euch anweist, nicht mehr systematisch den Rücken krumm zu machen unter dem Druck der Gewohnheiten. Seit Jahrtausenden, und noch viel länger, bestreikt ihr das Bewußtsein, indem ihr den Feind nur beim Nachbarn seht. Wenn es wirklich einen Feind gibt, dann seid ihr es selbst, die ihm durch eure Bequemlichkeit und Faulheit zur Macht verhelft … Wenn es wirklich einen Feind gibt, sage ich … denn der Begriff des Feindes ist reine Erfindung. Für alle, die die Sonne im Herzen und vor allem die Sonne des Herzens haben, ist er alles andere als ein Hindernis.

Heute lenkt ihr euer Leben wie ein Autofahrer, der mit einem Fuß bremst und gleichzeitig mit dem anderen Gas gibt. Ihr wollt eine Gangart zulegen, ihr wollt die Liebe, ihr wünscht sie innigst, aber gleichzeitig baut ihr ständig so viele Bedingungen auf, so viele Reserven, so viele Vorwände, um seine Verbreitung zu behindern …

Ihr könnt sicher sein, daß der Christ, den ihr kennt, in eurem Kopf ist, er ist stets voller ›ungeborener‹ Versprechen. Siedelt ihn doch eher in eurer Brust an … denn er möchte in eurem Herzen sein Zuhause haben. Und nirgendwo anders! Von hier aus möchte er sich erheben und alles in Glut tauchen, ohne daß man zunächst unbedingt über die Unbefleckte Empfängnis oder ein anderes Dogma diskutieren muß.

Die Dogmen haben stets etwas Politisches an sich. Ihre Rolle ist die Manipulation, und ihr zeitlicher Wert ist nur äußerst begrenzt. Sie vermitteln denen, die sie erfunden haben, ein Gefühl von Sicherheit … und seht, jeder schafft sie sich auf seinem eigenen Niveau. Es handelt sich um persönliche Credos, die sich sehr oft von einer mentalen Begrenzung zur anderen entwickeln.

Christus, den ihr sucht, ist bereits da, nur laßt ihr ihn nicht atmen. Ihr spürt, daß er da ist ... manchmal ahnt ihr sein Auftreten ... aber er bleibt im günstigsten Fall in eurer Mitte unter Bewährungsaufsicht. Warum wollt ihr ihn weiterhin unter einem Berg von Bedingungen ersticken? Befreit das Göttliche in euch! Wenn ihr den Schlüssel im Schloß drehen und so die Tür zu seinem Kerker öffnen könnt, dann werdet ihr euch an meine Worte erinnern und sagen: ›So einfach war das!‹

Ja, das christliche Aktionsfeld ist stets ein Lied des Herzens, und dieses Lied dringt in den Blick und in das Lächeln ein, es setzt sich in den Handflächen fest und in den Füßen, die aus unbekannten Ländern in Welten reisen, die es zu entdecken gibt.

Befreit doch endlich Christus von euren esoterischen Versammlungen und von euren theologischen Büchern! Kein Katechismus redet so klar von ihm wie euer Herz, das zu allem, was das Leben uns vermittelt, ›Ich liebe dich‹ sagen kann. Aber nicht etwa naiv und selig wie im unkontrollierten mystischen Eifer, sondern voller Bewußtheit und mit dem Willen, jeden Tag mehr von seiner Bedeutung zu verstehen. Nur so kann der Kommende in euch wachsen; es braucht nur etwas Mut und etwas Willen ... denn dort, wo ihr die christliche Quelle sprudeln sehen wollt, müßt ihr das Vertrauen in euer Potential zur Verwirklichung hin einladen ...

Überall seht ihr Männer und Frauen, die sich erheben, Bewegungen gründen und ihre Wahrheit als einzig mögliches Lebensbanner schwingen. Sie kommen aus allen Schichten eurer Gesellschaft, und es kommt sogar vor, daß ihr von einer Gruppe zur anderen eilt und dabei systematisch vergeßt, daß das Erwachen nur in einer einzigen Richtung möglich sein kann, nämlich der euren. Ich möchte damit sagen, liebe Freunde, daß jeder von euch eine mit anderen nicht vergleichbare Farbe auf dem großen Gemälde der Schöpfung darstellt. Jedesmal, wenn ihr mit euch selbst authentisch und ehrlich umgeht, fällt Sonne auf diese Farbe. Dies bedeutet aber nicht, daß niemand und nichts euch wachsen lassen könnte! Ganz im Gegenteil, *alles*, absolut *alles* trägt dazu bei. Das heißt aber auch, daß ihr der absolute Meister eurer keimenden Entwicklung seid und daß der Christus eures Herzens für ewig euer Heimathafen sein wird, euer Erbe aus dem Licht ohne Schatten.

Man erzählt euch von Sekten, und der Begriff des Guru ist auf aller Lippen! Aber wer weiß wirklich, was diese Begriffe zu bedeuten haben?

Wenn ihr vor tausend Leuten von Christus oder Buddha redet, so seid ihr eine verdächtige Person; führt ihr aber hunderttausend Soldaten in die Schlacht, so seid ihr ein bedeutender Mann, den man respektiert. Wer wäscht das Gehirn von wem? Wo sind die wahren Sekten, die das Kollektivdenken vergiften? Tausende von offiziellen Organisationen und Organen schmücken sich hinterhältig mit ihren Attributen und ihren kaum verdeckten Methoden.

Was ihr denken sollt, könnt ihr jeden Morgen als eine Art Evangelium in den Spalten aller Zeitungen dieses Planeten entdecken. Die Parteien und Lobbys sind die ersten, die euer Denken, euer Handeln, eure Reaktionen, euren Geschmack, schlicht eure Beziehung zum Leben formen. Die Lobby der Waffenhändler, die Lobby der pharmazeutischen Industrie, die Lobby des schnellen Glaubens, den es nur noch zu schlucken gilt ... Die Sekten sind vielleicht nicht unbedingt da, wo man sie euch zeigt. Die Weltordnung, die sich installieren möchte, mag Sekten und ernährt sie, egal, wo sie sind. Sie tut so, als würde sie sie bekämpfen, während die Sekten sie aber unterstützen und eure Verhaltensweisen glätten. Diese neue Ordnung hat nur ein Ziel, nämlich euch ganz bewußt vom Sein zum Haben zu bringen ... Und damit ihr trotz allem weiterhin den Eindruck habt zu existieren, drängt sie euch, nicht mehr zu denken, sondern eure Kräfte zu verschwenden.

Christus riet den Palästinensern, dem, der sie schlug, die andere Wange hinzuhalten, um so ihren Aggressionswillen zu verunsichern. Er verlangte von ihnen nicht, dies zu ertragen, sondern das Übel da zu suchen, wo es war, damit dieses sich seiner Eitelkeit bewußt werde. Was rät er euch heute? Passivität? Schwäche? Oder effektive Revolution des Bewußtseins?

Habt ihr eine Vorstellung, was dies alles in Wirklichkeit bedeutet? Dies soll nicht heißen, daß ein neuer Gandhi plötzlich unter euch auftaucht, sondern daß es nunmehr für euch lebensnotwendig ist, die Infragestellung eurer Fundamente zu akzeptieren, damit die des Universums aufgelöst werden können. Denn das Universum liefert das Material für eure Vorwände.

Vergeßt nicht, daß jeder von euch ein potentieller Herd des Sonnenaufstandes ist oder, wenn dieser Begriff euch angst macht, eine Startrampe für die zukünftige Welt. Die Zündung erfolgt über drei Motoren: das Nicht-Urteilen, das Mitgefühl und die Entschlossenheit. Pflegt diese drei Aspekte in euch mittels der tausend ›kleinen Dinge‹ des täglichen Lebens.

Die ›kleinen Dinge‹ des täglichen Lebens sind übrigens nicht immer so klein, wie man meint. Der Blick, mit dem ihr die anderen beim Verlassen des Aufzugs anschaut, die Art, wie ihr die Hand gebt, oder auch die Worte, die ihr über eure Lippen kommen laßt, gehören dazu. Die christliche Revolution, eure wichtigste Revolution, beginnt mit all ihrer Kraft auf dieser bescheidenen Ebene. Im Gegensatz zu allen anderen Revolten der Vergangenheit führt sie euch nicht dazu, nein zu sagen und dabei die Faust zu heben, sondern sie verpflichtet euch zu einem entschiedenen Ja und zur Öffnung eures Herzens.

Die Seele entfaltet sich nicht, indem sie sich gegen eine Kraft anstemmt, und sie erhebt sich nicht, indem sie das, was sie verurteilt, in den Schmutz zieht. Sie erhebt sich in eine Richtung und für ein Ziel. Versteht ihr das? Sich ewig *gegen* etwas aufzulehnen entwickelt lediglich das Prinzip der Feindlichkeit. Und ohne euch darüber klar zu sein, seid ihr der Wirkung dieses Prinzips in euch überdrüssig! Man muß damit Schluß machen, wenn auch ohne Haß und Aggressivität, da es ja euer Erfahrungsfeld war.

Natürlich wißt ihr dies alles, und meine Worte sind im Grunde nichts anderes als eine Erinnerung daran ... Nur, worauf wartet ihr noch, um eine solche Wahrheit auch umzusetzen? Wissen allein reicht nicht aus ... Derjenige, der weiß, begnügt sich damit, Lehren zu erteilen ... während der, der lebt, selbst so zur Lehre wird. Leben! Im Grunde verlangt man von uns nichts anderes ...

Vielleicht werde ich euch schockieren, wenn ich behaupte, daß ihr heute weder Essener noch Zeloten seid. Ein allzu großes Zögern fließt noch in euren Adern ... es sind immer noch die Pharisäer und die Sadduzäer, die durch euer Handeln und eure Worte zum Ausdruck kommen.

Sobald der, der Lehren erteilt, in euch erlöschen wird, und sobald der, der sein Hab und Gut beschützt und der sich an das, was das Leben ihm geliehen hat, klammert, keinen Platz mehr in eurem Bewußtsein haben wird, dann ist der Zeitpunkt gekommen ... Nicht, daß ihr euch nun Essener nennen, noch daß ihr euch mit einem initiatischen Titel schmücken sollt, nein, es ist der Zeitpunkt zum Sein gekommen; es ist an der Zeit, wahr zu sein und das Leben nicht mehr zurückzuhalten.

Glaubt mir, alles oder fast alles, was verbreitet werden konnte, um euer Herz in Wallung zu versetzen, wurde bereits gesagt und geschrieben, je nachdem, wie groß eure Fähigkeit ist, dies auch aufzunehmen. Jetzt bleibt euch nur noch dessen Umsetzung in die Wirklichkeit. Sucht nicht nach einer verborgenen Tür, um diese Verwirklichung zu umgehen. Es gibt keine. Die Ereignisse werden euch zwingen, euch innerlich und äußerlich zu rühren. Ihr könnt entweder, zumindest für eine gewisse Zeit noch, den Weg der Verhärtung einschlagen oder aber euch weich stimmen lassen ... diese wahre Weichheit, die die Härte und die Transparenz des Diamanten mit sich bringt. Der Liebende ist ein sanfter Mensch, dessen Herz keinen Kratzer fürchtet. Der Christ der Schwachen ist nicht Christus. Jener ist noch für lange Zeit auf ein Stück Holz genagelt als ein ewiges Opfer der ›Bösen‹.

In Wahrheit ist die Zeit gekommen, daß ihr versteht, daß das Kruzifix nicht das Kreuz ist. Es erinnert an die Folterqualen, die immer weiter bestehen und sich festsetzen, aber gewiß nicht an die Kreuzung der Wege, die Himmel und Erde vereinen. Es bedurfte zweier Jahrtausende, bis endlich eine bedeutende Anzahl von Männern und Frauen angefangen hat, dies zu erkennen. Wollt ihr zu diesen gehören? Die Frage nach eurer Transformation kann auch etwa so gestellt werden: Wollt ihr ein bewußtes Glied im kommenden Taubenzeitalter sein?

Ich sagte, daß man zwei Jahrtausende gebraucht hat, damit gewisse Dinge klar erfaßt und mit einem Maximum an Freiheit ausprobiert werden konnten. Glaubt aber nun nicht, daß im Morgengrauen des kommenden Jahrtausends der Schleier der Begrenztheit für alle endgültig verflogen sein wird. Den wahren Frieden kann man niemandem aufzwingen noch ihn per Dekret diktieren. Es handelt sich um einen Zustand, der von selbst erscheint und im Inneren der Seele erlernt wird. Er macht aus dieser Seele den transparenten Vermittler zwischen dem Geist und der dichten Materie. Den Frieden erlernt man, experimentiert man, pflegt man, und erst dann kann er sich ausbreiten.

Glaubt aber nicht, daß dieser Frieden nun die Erde von heute auf morgen erfassen wird. Der Frieden ist nicht die Arbeit anderer, sondern *eure*. Ihr habt hierfür die Verantwortung, sobald ihr euch der reinen Kraft des Herzens öffnet. Ihr müßt ihn nicht errichten, denn dies entscheidet man nicht auf der Basis von präzisen Plänen, sondern ihr müßt ihn wie eine allzeit vorhandene Kraft aufrufen, eine Kraft, die unter vielen Tonnen Stolz verschüttet ist.

Ich versichere euch, der Frieden ist die Göttlichkeit, ist dieser Gott, dessen Namen ihr nur zögernd aussprecht, weil er Gegenstand von so vielen Maskeraden war ...

Das Göttliche ist in euch, solange ihr in ihm lebt. Ich sage euch also nochmals, daß es nicht etwa neu zu schaffen ist, sondern nur jeden Tag neu ausgegraben werden muß. Das Wassermannzeitalter, von dem soviel die Rede ist, kündigt euch vor allem ein neues Lernen an, eine neue Art und Weise, in die Materie einzudringen.

In Wirklichkeit muß diese Materie ihr Gedächtnis wiederfinden, denn sie leidet unter Amnesie, und die Menschheit ist das aktivierende Element dieses Gedächtnisses. Sie ist – und ihr somit auch – zwar Staub, wie die Schriften sagen ... aber es ist Sternenstaub! Eure Atome kommen von allen Horizonten des Universums und ihre Flamme aus allen Dimensionen des Lebens. So seid ihr Söhne und Töchter der absoluten Freiheit, Kinder, denen man die Befreiung versprochen hat. Ihr seid die Urheber aller Auferstehungen ... und der Himmelfahrt.

Die Pfingsterzählung ist eine schöne Geschichte, die sich vor zweimal tausend Jahren abgespielt hat. Es handelt sich um die Geschichte einer kleinen Anzahl von Leuten, die die große Masse, die sich heute konstituiert, bereits ahnen ließ. Aber seht darin nicht nur ein Symbol, denn es ist auch der Bericht einer konkreten Wirklichkeit. Heute müßt ihr verstehen, daß das, was man das ›Wunder des Heiligen Geistes‹ genannt hat, nach einer direkten Weiterführung verlangt ... mit einem allerdings anderen Blickwinkel. Begriffen wie Wunder oder Heiliger Geist muß unbedingt das Geheimnisvolle genommen werden.

Ihr müßt zunächst einmal wissen, daß es das Wunder an sich nicht gibt ... Es sei denn, man bezeichnet alles als Wunder, als etwas, das außerhalb unseres Verständnisses und unserer Kontrolle steht. Ich sage deswegen lieber, daß der Begriff des Wunders ein Un-Sinn ist, da er zur Abspaltung des Menschen von seiner göttlichen Natur beiträgt. Das ›Wunder‹ ist die natürliche Frucht einer Öffnung und einer totalen Ausrichtung auf das Göttliche, das in jedem Menschen wohnt. Somit wird aus dem ›Wunder‹ ein permanentes

Lebensziel, das seine wahre Rolle ganz wahrnimmt. Es spiegelt genau diesen flüssigen Zustand wider, der zwischen dem Menschen und seiner feinstofflichen Natur bestehen sollte. In gewissem Sinne ruft das Wunder euch nur zu: ›Alles ist da, nehmt, was euch gehört, bedient euch, manifestiert eure Verschmelzung mit dem, der alles ist.‹

›Nehmt und manifestiert eure erhabene Natur‹, dies suggeriert euch die Zeit, die kommen soll ... und die in Wirklichkeit bereits da ist! Bringt den Geist, der in euch ist, zum Ausdruck: den Magier, den Verwandler, kurz die Liebe! Erlegt der Liebe keine Zensur auf. Pfingsten – das ist eure Herausforderung an alle! Das Prinzip der Taube erscheint hier als das der christlichen Revolution. Es stimuliert das, was ich als eure Fähigkeit zum Ungehorsam bezeichnen möchte. Ganz sicher verwundert dieser Begriff euch ein wenig, aber er ist von elementarer Bedeutung. Bis jetzt wart ihr perfekte, um nicht zu sagen äußerst eifrige Diener des Ordens der Versklavung. Ihr habt gehaßt, sobald der Orden es von euch verlangte! Ihr habt zu beherrschen versucht, sobald er es wünschte. Ihr habt an Schwerfälligkeit zugenommen in dem Maße, wie der Orden es nahelegte und legitimierte. Kurz, ihr wart alle perfekte Kollaborateure des Ordens des Vergessens und des Schmerzes.

Gewiß habt ihr von Zeit zu Zeit, von einem Leben zum anderen, versucht, euch einige Fragen zu stellen. Heute reichen allerdings diese Fragen nicht mehr aus. Ihr seid nun zu etwas anderem berufen. Ihr seid zum Ungehorsam aufgerufen ... und zwar auf zwei Ebenen, die sich allerdings gegenseitig bekannt sind, da ihr Ursprung und ihre Wirkungen identisch sind. Das Prinzip der Taube suggeriert euch den Ungehorsam gegenüber der immer deutlicher werdenden Existenz einer Weltregierung und den Ungehorsam gegenüber eurem eigenen egoistischen Appetit. Diese Zeit wird für die unter euch, die diesen Sinn verstehen können, eine Periode des Loslösens von altüberlieferten Reflexen sein.

Testet euch! Eure Fähigkeit zum Ungehorsam ist das Barometer eurer Gesundheit. Das Ideal und die billige Moral der Feuilletons und Quizsendungen im Fernsehen haben aus euch im Endeffekt zu brave Kinder gemacht. Ihr sagt ›Vater unser, der du bist im Himmel …‹, aber ihr hört ›euer Meister, der an der Fernbedienung sitzt …‹. An der Fernbedienung eurer Reaktionen, eurer Wünsche, eurer Ängste … und natürlich auch an der des Stimmzettels, der euch die Illusion gibt, etwas entscheiden zu können. Es gibt tausend Methoden, den Widerstand zu proben. Jeder muß seine Methode in seinem eigenen Alltag suchen, und zwar nicht mit einem fast kindisch aufsässigen Geist oder mit einem Anflug von Provokation, nein, vielmehr in der geistigen Harmonie von Frieden und Erweckung, die seine Inspiration ist. Dies verlangt nach etwas Beherrschung und Aufmerksamkeit, in der Tat … Nun ist es an euch, euren eigenen entschlossenen und liebenden Widerstand zu finden.

Ihr beklagt die Massaker, die sich ein paar tausend Kilometer von euch entfernt abspielen, aber wie oft schaut ihr euren Nachbarn mit dem schneidenden Blick eines Feindes an? Die Samen zum Krieg keimen immer auf individueller Ebene. Ihr müßt nun die Lösung bringen!

Ihr flucht über die Abgaben, die euch erdrücken, aber ihr hört unaufhörlich denen zu, die sie festsetzen. Diese Leute haben nur die Macht, die ihr ihnen zugesteht. Auch da müßt ihr Lösungen finden.

Alles, was ich euch sage, betrifft das Prinzip der Taube. Was kommen wird, was ist und was sein wird, ist im Herzen des *Ganzen* bereits vorhanden.

Das Heilige und das Profane? Ich kenne keinen Unterschied, liebe Freunde. Alles, alles in seiner Wesenheit besingt das Leben, die Liebe und die Schönheit. Hört … Eine Sonne hat gewettet, daß ihr sie in ihrer Ewigkeit erreichen könnt. Hört ihr sie nicht?«

Neuntes Kapitel

Der Weg nach Jappa

Bestimmte Ereignisse waren eingetreten. Mitten in unserer Verwirrung, in unseren letzten Zweifeln und einem gemeinsamen Schmerz, der nach Ausdruck suchte, war der Meister dem Hohen Gericht vorgeführt und verurteilt worden. Er hatte dies akzeptiert und hatte selbst jede kleinste Einzelheit organisiert, damit das Urteil den Wert eines Symbols erhalte. In Wirklichkeit hatten weder die Römer noch das Synedrium die Todesstrafe verhängt. Letztere waren nur so etwas wie eine Speerspitze ... Denn der Speer selbst war niemand anderes als die gesamte Menschheit, die ihn gegen den Meister erhoben hatte.

Seit Anbeginn der Zeiten haben die Menschen die reinen Lichtstrahlen stets als Nadeln empfunden, die man in ihre Fersen pflanzte. Stets versuchten sie, sich davon frei zu machen, und genauso war es auch mit dem, der uns führte. Allerdings sah dies nur so aus, an der Oberfläche ...

Die Erinnerung an diese Zeiten offenbart nicht die Ereignisse, wie sie wohl waren.[10] Die klerikalen Mächte, oder wie sie auch immer heißen mögen, haben selten anders handeln können als im Interesse des jeweiligen Augenblicks. Es gibt also das, was sie überliefert haben, und das, was wirklich gewesen ist ...

10 Siehe zu diesem Thema »Essener Erinnerungen. Die spirituellen Lehren Jesu« von Anne und Daniel Meurois-Givaudan.

Wie dem auch sei, nachdem der Meister vom kollektiven Bewußtsein geopfert worden war, zeigte er sich einigen von uns mehrmals. Und jedesmal schien es, als verbreite sich die Kraft, die in ihm war und die seine Augen stets mit einer so schönen Zärtlichkeit ausdrückten, ein bißchen mehr in uns. Immer wieder floß sie durch unsere Brust und unsere Adern. Sie vollzog ein Werk, dessen Auswirkung sicherlich niemand unter uns erahnen konnte... Heute nach zweitausend Jahren glaube ich zu wissen, was das Wort »eingraben« für die Seele bedeutet ...

Einige Zeit nach dem offiziellen Weggang des Meisters geschah es, daß sich etwa zehn Leute aus unserer Gruppe auf der steinigen und im Sonnenlicht gleißenden Straße nach Jappa befanden. Unsere Schwester Myriam aus dem Dorf Migdel begleitete uns.

Entgegen ihrer Gewohnheit sagte sie diesmal nichts. In der Tat schien sie innerlich weit entfernt von uns, so als ob sie mit etwas Ungewöhnlichem beschäftigt wäre. Nach einigen Wegmeilen entschloß ich mich, mich ihr zu nähern, um herauszufinden, ob sie vielleicht irgendwelche Sorgen hatte.

»Ganz im Gegenteil, Simon«, meinte sie, und ihr Gesicht hellte sich plötzlich seltsam auf. »Ich komme nicht umhin, an das zu denken, was ich beim letzten Mond erlebt habe. Damals verspürte ich eine Art Feuer und Wollen in mir, was mich stets beflügelte und meinen ganzen Körper in eine bestimmte Richtung drängte ... Aber seit dem Tag, von dem ich dir erzähle, ist nichts mehr wie vorher; weder ein Feuer noch ein Wollen beflügelt mich ... Ich glaube vielmehr, selbst dieses Feuer und dieses Wollen zu sein ... und dies geht über meine Persönlichkeit hinaus, verstehst du? Ich will damit sagen, daß dies alles nichts mit einer Spannung in mir zu tun hat, wie dies lange Zeit der Fall war. In der Tat ist genau das Gegenteil der Fall. Plötzlich habe ich einen Frieden gefunden und eine so echte Gewißheit, daß mein ganzes Wesen davon eingenommen und verwandelt ist.«

»Willst du mir nichts Näheres erzählen ...?«

»Ich werde es heute versuchen ... Neulich hatte Joshe mich auch gefragt, und ich habe es nicht gekonnt ... Vielleicht war alles noch zu frisch! Höre, also ...«

Myriam aus dem Dorfe Migdel beschleunigte ihren Schritt, als wolle sie plötzlich ihrem Körper den Rhythmus aufzwingen, in welchem ihr Bewußtsein schwang. Und so kamen wir beide schnell an die Spitze unserer kleinen Gruppe, ein wenig abseits der anderen Gespräche.

» ... Es war also beim letzten Mond«, begann sie nicht ohne Zögern, » ... wir waren mit Petrus, Johannes, Levi, der Mutter des Meisters und einigen anderen versammelt, um zu besprechen, welches die beste Haltung sei, die wir gegenüber den immer drängenderen Fragen des Volkes einnehmen sollten. Der Tag ging bereits zur Neige, und das Zimmer war dunkel ... Jeder schüttete sein Herz aus und sprach von den Schwierigkeiten, denen er begegnete. Jeder versuchte dabei auch, die Worte des Meisters von unserer letzten gemeinsamen Begegnung mit ihm zu erklären. Wir teilten uns auch einige flache Kuchen und etwas Wein, so wie er es gerne bei uns sah.

Im Laufe des Abends meinte die Mutter von Jeshua plötzlich, sie wolle ein wenig nach draußen gehen, um etwas frische Luft zu schnappen, denn sie fühle etwas Seltsames in sich. In der Tat fand ich, daß sie bleich aussah, als ob ihr übel wäre. Ich begleitete sie also, und wir gingen ein paar Schritte unter den Granatapfelbäumen, die neben dem Haus, in dem wir waren, wuchsen. Über den Hügeln stand die Sonne nur noch als ein feuerroter Ball, der alles mit seinem Gold übergoß.

Plötzlich blieb Myriam[11] stehen; ich schaute sie an, um sie besser zu verstehen, und sah dabei, wie ihre Augenlider sehr schnell zuckten. Ich verstand, daß Schweigen geboten war. Schließlich schlossen sich ihre Augen; ich sah, wie sie tief durchatmete und zu sprechen anfing.

11 Es handelt sich hier um Maria, die Mutter des Meisters Jesus.

»Geht zurück ins Haus«, sagte sie leise mit einer erstaunlich dunklen Stimme, die nicht die ihre war. »Geht in dieses Haus und wartet, denn dort werdet ihr euch wiederfinden ...«

»Dies dauerte auch nur einen Augenblick, und schon öffnete sie wieder die Augen. Sie schien sich dessen, was sie gerade gesagt hatte, nicht ganz bewußt zu sein. Ich half ihr also, wieder zu unserer kleinen Gruppe zurückzukehren, und wir setzten uns erneut zu den anderen. Ich versuchte den anderen kurz mitzuteilen, was gerade geschehen war, aber es gelang mir nicht. Es war, als wären meine Lippen wie verschlossen. Niemand sagte übrigens ein Wort, und da allmählich Dunkelheit den Raum überzog, sagte ich mir, daß wir sicherlich so die ganze Nacht verbringen werden in Erwartung von ›etwas‹.

Allerdings kam es nicht so, Simon, denn ich spürte schnell, wie etwas sich in mir veränderte. Aber es war weder ein Eindruck noch ein Gefühl, wovon mein Herz voll war. Nein, es war ... etwas ›Festes‹, das immer mehr überall in meinem Wesen anwesend war. Eine Kraft ... die spürbar wurde.

Im Halbdunkel tastete meine Hand nach der der Mutter des Meisters, um sicherzugehen, daß sie sich wohl fühlte ... Sie war kalt, fast eisig. Und doch antwortete sie auf meine Berührung, als wolle sie mir zu verstehen geben, daß es keinen Grund zur Beunruhigung gab.

Also wartete ich weiter ... aber je länger ich wartete, desto mehr erfüllte mich dieses ›Etwas‹. Es war wirklich wie eine Kraft, verstehst du? Eine Macht ... Eine mit so viel Freude angereicherte Macht, daß ich mich zurückhalten mußte, um nicht laut loszulachen. Ich öffnete meine Augen, um die Gesichter meiner Gefährten unterscheiden zu können. Ich sah nur ihr Lächeln ... Alle waren offenbar von der gleichen Präsenz belebt wie ich. In diesem Augenblick spürte ich, wie Myriams eisige Hand in der meinen zitterte, und ich sah, wie der Raum sich erhellte. Wie soll ich sagen? ... Es war nichts, das außerhalb von ihr oder von uns war. Im Gegenteil, der seltsame Schimmer, der weiß, vielleicht auch malvenfarben war, schien aus jedem von uns zu kommen. Wir waren ... ich möchte nicht sagen der Ursprung ... aber wir waren wie Öllampen, die ein geheimnisvolles Feuer von innen erstrahlen ließ.

Auf einmal konnte ich meine Augen nicht mehr offenhalten, und ich stellte fest, daß ich die gleiche Helligkeit auch hinter geschlossenen Lidern wahrnehmen konnte. Sie war sogar noch etwas intensiver, denn weißt du, ich hatte das Gefühl, in Richtung Sonne zu stürzen. Ich sage bewußt ›stürzen‹ und nicht aufsteigen ... aber es war ein Abstieg voller Glück, so als könnte ich endlich *mein* Zuhause finden, als sei endlich Schluß mit dieser Nostalgie, die mich in der Tat niemals wirklich verlassen hatte.

Gleichzeitig spürte ich, wie sich mein Rücken mit einem bisher unbekannten Feuer überzog. Noch heute kann ich nicht sagen, ob es brennend war oder eisig. Vielleicht war es einfach beides gleichzeitig ... Schließlich füllte es meinen ganzen Körper und mein ganzes Bewußtsein aus ... Und da sah ich, Simon, daß ich alles verstehen konnte, daß ich alles verstand, daß ich wie das Verstehen selbst war! Glaube mir, dies hat nichts mit Stolz zu tun. Es war ein so tiefer Friede ... und eine so feste Gewißheit ...! Ich kannte alles, die Dinge und die Menschen, die Tiere und die Pflanzen, so als würde ich in ihren Adern fließen, als sei ich ihr Saft. Ich sah ganz klar die Vollständigkeit dessen, was ich war und was ich jetzt bin. Dies war eine so schöne, so wunderbare Logik! Ich sah, wie ich gleichzeitig zum Felsen wurde und zum Meer, zum Mond und zur Sonne, zur Erde und zum Himmel. Ich sage dir nochmals, dies alles hat nichts mit einem Eindruck oder einer Emotion zu tun. Im Gegenteil, ich befand mich in einem Zustand unwahrscheinlicher Hellsichtigkeit ... Vielleicht, oder eher sicherlich, in diesem Zustand, den der Meister uns unaufhörlich suggerierte.

Schließlich, wie du dir vorstellen kannst, verschwand alles langsam und schmerzlos. Es dauerte eine Weile, bis wir erneut miteinander reden konnten. Um ehrlich zu sein, verspürten wir nicht das geringste Bedürfnis, uns mitzuteilen. Wir wußten, daß wir alle das gleiche erlebt hatten, mit der gleichen Intensität, und wir waren … wie im Bewußtsein aller. Wir bewohnten uns gegenseitig.

Und wie du siehst, beschäftigt mich dies heute noch.«

»Und seid ihr dann auseinandergegangen? Was geschah dann weiter?«

»O nein, Simon, wir konnten doch nicht so auseinandergehen! Zunächst verstrich die Nacht, ohne daß wir die geringste Lust verspürten, uns hinzulegen und zu schlafen. Man hatte das Gefühl, als sei uns eine neue Jugend gegeben worden. Und nicht nur unsere Seele hatte dies erfahren, sondern unser ganzer Körper bis in seine äußersten Wurzeln.

Und dann, am frühen Morgen, setzten wir uns ins taufrische Gras und begannen zu reden. Ich meine damit … wirklich zu reden, geradeheraus vom Ziel unser aller Leben. Die unter uns herrschende Stimmung war noch seltsam. Wir müssen … wie durchsichtig gewesen sein, ich weiß nicht, auf jeden Fall hat sich eine Herde von etwa zwanzig Schafen unter uns gemischt. Die Tiere fingen an, zwischen uns zu grasen, und verschwanden dann genauso, wie sie gekommen waren. Dies brachte uns zum Lachen, bis Johannes schließlich meinte, er sehe nun zum ersten Mal die genaue Richtung seines Lebens vor sich. Ich bemerkte meinerseits, daß er sich zum ersten Mal nicht damit begnügte, die Worte des Meisters zu wiederholen oder zu erläutern. Nein, alles was über seine Lippen kam, kam aus ihm und war schön. Er sprach wahr, weil sich etwas Höheres in ihm entfaltet hatte, das seine Worte wählte, indem es sich mit ihm verband.

Dann war Levi an der Reihe zu reden, und auch bei ihm kam es zum gleichen Phänomen. Ich selbst mußte mir eingestehen, daß mein Bewußtsein besonders klar war und daß Worte, die ich zuvor nicht auszusprechen wagte, nun von ganz alleine über meine Lippen kamen.

In der Tat war irgend etwas in uns ›klar‹. Dies glich nicht

etwa einer neuen Kraft, die über uns gekommen war, nein, es war eher eine Kraft, die sich in uns freigesetzt hatte, eine Macht, die wir bis jetzt zurückgehalten hatten, die aber stets vorhanden war. Genauso wie der Meister uns so oft gelehrt hatte …«

Myriam aus dem Dorf Migdel schwieg nun eine lange Zeit, während wir weiterhin nebeneinander etwas abseits der anderen gingen. Ihr Schweigen war angenehm; ich hatte das Gefühl, als erwecke es in mir ein bißchen von dieser Kraft, von der sie gerade gesprochen hatte.

Ich erinnere mich, daß wir uns für einen Augenblick an den Straßenrand drücken mußten, da ein Wagen mit einem römischen Soldaten in einer Staubwolke an uns vorbeifuhr. Seine geräuschvolle Präsenz und das, was ihn beflügeln mußte, ließen mich plötzlich verstehen, in welchem Maße wir seit dem ›offiziellen‹ Abschied des Meisters in eine andere Welt eingetreten waren. Wir wurden unsererseits nun Träger dieses ›etwas anderen‹, das er uns mitzuteilen versucht hatte. Wir waren hierfür verantwortlich in einer Welt, die uns immer mehr als ›künstlich‹ erschien. Der ›Rabbi‹ vertraute uns jeden Tag etwas mehr von der Fackel an, die er geschwenkt hatte … Schließlich berührte uns der genaue Sinn der Revolution in unserem tiefsten Inneren.

»Ja«, sagte schließlich Myriam von Migdel halblaut, als habe sie in meinen Gedanken gelesen. »Jetzt sind wir alle verantwortlich, verantwortlich für das, was in dieser Welt geschieht. Niemals werden wir mehr sagen können ›Da kann ich nichts dafür …‹. Ich sehe wohl, daß wir alle zu etwas in dem Ganzen dienen, in dem, was sich bildet, wie in dem, das zerfällt. So sind wir die Urheber von Glück und Unglück, von unserer Befreiung oder unserer Gefangennahme.

Die Sphäre des Himmels tragen wir alle in unserer Brust, siehst du dies auch so, Simon?«

Ich antwortete mit Ja … Es war ein schlichtes, fast schüchternes Ja, sicherlich zu zögernd trotz des Feuers, das mich immer mehr einnahm.

»Bist du sicher?« fragte sie und hielt am Wegrand inne. Ihr Blick war so in meine Augen gesenkt, daß ich dies nie vergessen werde ... Ich fand nicht die Worte, um ihr zu erklären, wie sehr diese Gewißheit in mir verwurzelt war, aber ich weiß, daß sie mich verstanden hatte, denn sofort gingen wir, lachend wie zwei kleine Kinder, weiter.

»In der Nacht nach jener, von der ich dir erzählt habe«, fuhr Myriam von Migdel fort, »ist mir der Meister im Traum erschienen. Er stand dermaßen klar vor mir ... ich glaube, ich hätte ihn berühren können, falls ich es gewagt hätte. ›Auch du wirst in zweimal tausend Jahren wiederkommen‹, kündigte er mir an, ›wenn das Taubenzeitalter anbrechen wird. Glücklich werden die sein, die mich durch deine Bestimmtheit und deine Unerschrockenheit empfangen werden. Glücklich auch die, die mich nicht erwarten, mich aber in sich wachsen lassen. Diese werden die Pioniere des Kommenden sein.‹«

Als sich endlich nach vielen Stunden des Marsches die Nacht über uns legte, versammelte sich unsere kleine Gruppe unter einigen Olivenbäumen. Im Halbschatten suchte ich erneut, gleichsam als eine letzte Bestätigung, den Blick unserer Schwester aus dem Dorf Migdel. Ich fand ihn ... Er war voller Sonne und Mond ... Ich machte in diesem Augenblick das feierliche Versprechen, ihr Licht, ihren Willen, ihre Stärke und ihren Widerstand all denen zu bringen, die ihre Ansichten nicht verleugnen werden, wenn zweitausend Jahre verflossen sein werden.

Wenn heute dieser Tag gekommen ist, wenn diese Seiten ein wenig Widerhall finden, dann vielleicht deswegen, weil die Zeit gekommen ist, in der die Liebe einen anderen Sinn annimmt ... und sich endlich mit der Taube inkarniert.

Anhang

Die Akasha-Chroniken

Wie dieses Buch entstanden ist

Das Universum ist ein lebendiges Wesen mit all seinen Eigenschaften und Gesetzen. Und wenn man von einem »lebendigen Wesen« spricht, dann schließt dies automatisch die »Erinnerung« mit ein. Die orientalischen Traditionen bezeichnen diese Erinnerung als die Akasha-Chronik; es handelt sich dabei um eine riesige Gedächtnisreserve, eine Art »Datenbank«, um einen Begriff aus der Computersprache zu benutzen, in der die gesamte Vergangenheit des Universums seit Beginn der Zeiten gespeichert ist.

Dies alles hat weder etwas Mysteriöses noch Wunderbares an sich, sondern es handelt sich hierbei lediglich um eine Logik, zu der unser Intellekt und unser Bewußtsein noch nicht ausreichend Zugang haben.

Wie wir wissen, besteht unser All aus Elementen wie etwa Erde, Wasser, Feuer und Luft. Aber auch Äther und Akasha gehören dazu, auch wenn diese noch nicht offiziell als solche anerkannt sind. Dies schließt allerdings nicht aus, daß sie eine wichtige Rolle spielen werden und daß künftige Generationen ihre Bedeutung sicherlich erkennen werden.

In der Tat sind diese beiden Elemente der Ursprung der anderen, denn entgegen allgemeinen Annahmen ist das Feinstoffliche stets der Ursprung der dichteren Materie und nicht umgekehrt. Das »Ich«, das sich in unserem Körper und durch ihn ausdrückt, ist nicht dieser Körper, sondern vielmehr seine Wesenheit.

Im Universum ist es ähnlich; das für uns Sichtbare ist in der Tat nur das gröbste Glied der Kette, die das Universum bildet.

Akasha ist sozusagen ein Mittel, göttliches Bewußtsein durch die Gesamtheit der Schöpfung zu bewegen; es ist somit ein wesentlicher Faktor ihres Lebens und damit auch ihrer Erinnerung.

Neben seinem »Lebensaspekt«, mit dem dieses Element unsere Welt vollkommen tränkt, kann man darin auch eine Art von »hochempfindlicher Magnetplatte« sehen, auf der alles, was in diesem Universum geschieht, aufgezeichnet wird. Es handelt sich also um ein vollkommenes Gedächtnis mit absolut treuer Wiedergabe, das alle individuellen Erinnerungen enthält. Zusammenfassend kann man sagen, daß es sich bei der Akasha-Chronik um eine Art Videoband handelt, auf dem die Archive der Natur gespeichert sind. Die Archive ihrerseits bestehen wieder aus Milliarden von kleinen »Schubladen«, in die die »persönlichen« Archive aller bis heute existierenden Lebewesen eingeordnet sind.

Es ist natürlich klar, daß man zu dieser wunderbaren Datenbank nicht Zugang haben kann wie zu einer beliebigen Bibliothek. Dies erfordert nämlich sowohl einen besonderen Seinszustand ohne einen von Egoismus geprägten Willen, und vor allem ist eine Bereitschaft zum Dienen vonnöten. Der Zugang zu dieser Datenbank setzt des weiteren eine »höhere Befugnis« voraus, ein Einverständnis von seiten der Kräfte und des Bewußtseins, die mit der Bewachung des Zugangs betraut sind. Und ich spreche ausdrücklich von »Bewachung«, denn jede Wissensquelle ist, wie jeder weiß, eine zweischneidige Sache.

Man muß natürlich hervorheben, daß man die Türen zum Akasha-Gedächtnis nicht einfach so aufstoßen kann, wie man Lust hat. Diese öffnen sich stets, wenn es hierfür gute Gründe gibt, denn sie gehorchen weder einer banalen Neugierde noch einer Art von spirituell angehauchtem Tourismus. Sie folgen lediglich den Erfordernissen der Evolution, indem sie das Kollektivbewußtsein und das individuelle Bewußtsein eines jeden in ganz bestimmten Bereichen freigeben.

Ich selbst habe den Zugang zu dieser Erinnerung mittels der sogenannten Astralreise oder der außerkörperlichen Erfahrung gefunden, wobei dies nicht die einzige Zugangsmöglichkeit darstellt. Die meisten »Sensitiven« benutzen eine Vielfalt von Möglichkeiten. Wichtig ist nur, daß man sich möglichst vollständig auf eine »Schwingungsfrequenz« einstimmt, die man als eine Art von Schlüssel zur Akasha-Tür ansehen kann.

So verschieden die Zugangswege auch sein mögen, es gibt doch nur zwei Möglichkeiten, im Allgedächtnis zu lesen: entweder findet man Informationen über Dritte oder über sich selbst, über die eigenen Erinnerungen und früheren Leben.

Im ersten Fall erfaßt der Besucher die Szenen ganz neutral, fast könnte man sagen »von außen«, ein bißchen so, als sähe er einen Film auf der Leinwand. Gewisse Wahrnehmungen, wie Kälte oder Wärme oder auch Gerüche, fehlen ganz.

Im zweiten Fall ist dies ganz anders, da hier der Besucher in seine eigene Vergangenheit eintritt. Nun steht er nicht mehr einer inneren Leinwand gegenüber, sondern er ist »in« dieser Leinwand, also inmitten dessen, was sich vor seinen Augen abspielt, als geschehe dies gerade in diesem Augenblick. Alle Wahrnehmungen, selbst die unerwartetsten, die Gerüche, die Gefühlssinne, alles ist wieder präsent ... Alles wird mit der Intensität des gerade Erlebten erfaßt, nur kann man auf diese Ereignisse keinen Einfluß mehr nehmen.

Man kann sich leicht vorstellen, was eine solch verwirrende Erfahrung in einem Individuum auslösen kann, das nicht fest im Hier und Jetzt verwurzelt ist ...

Nach mehreren hundert Besuchen in der Akasha-Chronik bin ich heute vollkommen sicher, daß der Begriff der »Vergangenheit« eine Illusion ist. Damit meine ich, daß das, was sich vor 2000, 10 000 oder gar 100 000 Jahren abgespielt hat, ebenso gegenwärtig ist wie das, was wir »Gegenwart« nennen.

Das realisierte Wesen, das in einem embryonalen Zustand in jedem von uns existiert, soll eine Art von Kreis in einer ewigen Gegenwart sein und gleichzeitig in alle Richtungen, also in das, was wir allgemein als Zeit bezeichnen, Teilchen seines Bewußtseins ausstrahlen, die sich dann ständig gegenseitig beeinflussen ... eine Hypothese, die beim näheren Hinschauen weniger gewagt erscheint als beim ersten Blick und die gewiß unbegrenzte Horizonte öffnen kann. Denn das, was wir als »Zeit« empfinden, steht, und da bin ich mir sicher, in enger Beziehung zum Geist, zu jener Dimension in uns selbst, die uns trotz unseres Widerstandes unaufhörlich ruft.

Anmerkungen zu den Eigennamen

Einige der Eigennamen werden in diesem Buch in ihrer ursprünglichen Form wiedergegeben, wie sie der Autor in der Akasha-Chronik niedergeschrieben fand.

So sind **Messiah** und **Massiah** nur andere Bezeichnungen für den **Messias**, für den in den Schriften erwähnten Erlöser, der kommen soll.

Jappa ist der alte Name der heutigen Stadt **Jaffa**, die man auch bisweilen als **Joppe** wiederfinden kann.

Kristos ist eine andere Bezeichnung für **Christus**, der vor allem dann auftaucht, wenn das von ihm verkörperte Sonnenprinzip hervorgehoben werden soll.

Jeshua entspricht in seiner Schreibweise der damaligen Aussprache des Namens **Jesus**.

Shatan ist eine alte Schreibweise von **Satan**; der Begriff bedeutet im symbolischen Sinn »Gegner«.

Der Autor

Daniel Meurois-Givaudan, einer der am meisten gelesenen metaphysischen und spirituellen Autoren französischer Sprache, hat zusammen mit seiner Ex-Frau Anne seit 1980 15 Bücher geschrieben, die in elf Sprachen übersetzt wurden und allein in Frankreich über 600 000 mal verkauft wurden. Nachdem er bis 1996 den Verlag Amrita in der Dordogne geleitet hat, lebt der Autor nun in Kanada, wo er in seinem neuen Verlag Le Perséa Bücher über Astralreisen, Todeserfahrungen usw. veröffentlicht. Er hält weltweit Vorträge und Seminare.

Folgende Bücher von Daniel Meurois-Givaudan sind im Heinrich Hugendubel Verlag erschienen:
Essener Erinnerungen (Heyne Taschenbuch)
Im Lande Kal (Heyne Taschenbuch)
Vom Geist der Sonne
Die neun Schritte ins Leben
Stationen eines Abschieds